江苏高校优势学科建设工程资助项目（PAPD）

网络字幕组

公开的「偷渡」

陈一 曹志伟 著

苏州大学出版社
Soochow University Press

图书在版编目(CIP)数据

网络字幕组：公开的"偷渡"/陈一，曹志伟著． — 苏州：苏州大学出版社，2021.6
（新媒介与青年亚文化/马中红主编．第二辑）
"十三五"国家重点图书出版规划项目 国家出版基金项目
ISBN 978-7-5672-3453-6

Ⅰ.①网… Ⅱ.①陈… ②曹… Ⅲ.①互连网络－传播媒介－研究 Ⅳ.①G206.2

中国版本图书馆 CIP 数据核字(2020)第 263766 号

网络字幕组 公开的"偷渡"

著　者	陈　一　曹志伟
责任编辑	薛华强　苏　秦
装帧设计	吴　钰
出版发行	苏州大学出版社
地　　址	苏州市十梓街1号
邮　　编	215006
电　　话	0512-67481020
网　　址	http://www.sudapress.com
邮　　箱	sdcbs@suda.edu.cn
印　　刷	苏州市越洋印刷有限公司
开　　本	700 mm×1 000 mm　1/16　印张 14.5　字数 182 千
版　　次	2021年6月第1版 2021年6月第1次印刷
书　　号	ISBN 978-7-5672-3453-6
定　　价	49.00 元

版权所有　侵权必究

总 序[①]

　　青年亚文化作为一种普遍而又独特的文化现象，是人类社会文化结构中必然的、不可或缺的组成部分。相对于主流文化，青年一代的文化以其青春性、多变性和挑战性的特性有别于位居社会主体地位的成人文化；而相对于基本认同主流价值的青年文化，青年亚文化则具有非主流、边缘性的"亚"文化或"次"文化特征。事实上，青年亚文化是一种世界性的青春文化现象。就其实质而言，它所反映的是成人世界与青春世界、父辈一代与子辈一代之间那种永恒的矛盾和张力关系。在不同的时空语境下，这对关系往往以不同的方式表现出来，譬如反抗、冲突、偏离、协商、另类等，但是，它所呈现的那种青春期的迷惘、矛盾、寻觅、冲动及身份认同的困扰始终是青年亚文化的历史宿命，无论社会的意识形态如何统一和强大，这类青年亚文化或多或少总会以某些方式表现出来。

　　在中国现代文化史上，诸如五四运动、一二·九运动以及后来一些特殊时期的青年学生运动，都在一定程度上和从某个侧面显现了那个时代的青年亚文化征候。但就整体而言，一直到20世纪80年代之前，现代中国的青年文化更多的还是以认同和追随主流文化、成人文化的方式出现，那种典型的具有世

[①] 本序言大体保留了本人主编的"新媒介与青年亚文化"（第一辑）原序的内容，第五、六部分为新增内容。

界普遍性的青年亚文化现象并不突出。但是，伴随着改革开放和中国与世界文化的接轨，在短短40多年的时间里，中国青年亚文化发生了巨大变化，时至今日，已经成了当代中国青年文化和社会整体文化的重要组成部分。

如果说，20世纪80年代初的青年亚文化开始浮出地表，在传统的媒介语境中以各种个性化的另类形象出现和发展，并得到社会的理解和宽容，主要是得益于经济体制转轨和思想解放运动的话，那么，进入21世纪的今天，青年亚文化的发展在很大程度上有赖于以互联网为标志的信息技术革命，则是突飞猛进的媒介技术对青年日常生活的渗透和全球化的必然结果。如今，20世纪80年代形成的第一波青年亚文化族群／类型已成为追忆中的昔日辉煌，而新媒介支持下的今日青年亚文化才刚刚拉开序幕。令人震撼的是，新媒介对当今青年亚文化的影响，无论是在力度上还是在广度上，都已远远超出了媒介技术的层面，进而关涉到当代中国青年亚文化特质的变异及其走向，故而特别引人瞩目。

一

从文化赖以生存的媒介和技术环境方面看，当下以互联网为核心的新媒介对社会文化生态的全方位渗透，开始明显地推动今日中国的整体文化向开放、民主和多元的方向转变，同时整体文化的存在形态也在向"数字化生存"方向转向。新媒介不仅为传统文化类型的转型提供了广阔的空间，而且催生了一系列新的文化类型，其中青年亚文化是最为突出的景观。当各种各样的"客"，例如博客、播客、闪客、换客等轮番上场，当各种"社区""论坛"喧闹于网上，当IM（即时通信工具）、SNS（社交网络服务）、微博备受青睐，当网上购物成为风潮，当"搜索""自拍""黑客"等所有这些网络技术和文化实践成为青年亚文化习以为常的社会参与及其表达方式时,青年群体正在演绎和展示着的,是一个完全不同于以往的"虚拟现实"。可以这么说,网络媒介为中国当代各种青年亚文化的外来接受、本土生成与发展和迅速传播提供了前所未有的开放式、无边界、多媒介的物理空间和相对平等、开放的精神空间。如今,新媒介已经成为中国青年亚文化生长的肥沃良田和迅猛扩张的异度空间,成为新型青年亚文化传播的利器和青年一代寻找同道、建构文化族群和部落的文化场域。

网络媒介的全面覆盖、低廉成本及使用便捷,使中国大量青年群体的日常行为和生活方式与网络媒介牢固地绑定在一起。网络成了他们的"良师益友"和"亲密伙伴",有的甚至发展到须臾不能离开。一项由美国互联网公司 IAC(Inter Active Corp)和智威汤逊(J. Walter Thompson)广告公司合作,用双语进行的调查研究发现,与美国青年相比较,中国青年更依赖数字技术,有80%的中国青年认为数字化是自己生活的必要组成部分,其中42%的人觉得自己"上网成瘾",而美国青年中持这两种想法的分别占68%和18%。与此同时,该调查还发现,网络在中国青年人的社会生活和情感世界中扮演着极为重要的角色:77%的受访者说,他们通过网络交友;54%的人表示他们曾经通过网络即时信息进行约会;63%的人认为,两个人即使永不见面,也可能在网络上建立起真实的关系,而在美国青年中,相信这一点的只占21%。这一新的媒介语境及生存方式,的确为社会转型时代的中国青年亚文化创建和发展出了一个全新的生存空间和表现舞台。中国青年亚文化在经历了"文革"时期的"地下活动"和改革开放之初的"地表活动"之后,终于被媒介技术的推手带入了"无限活动"的新阶段。当下,青年亚文化作为被互联网率先激活的文化类型，已借助新媒介全方位启动了自身的文化建设，并且成为文化与技术深度联姻的实验产品。

而从青年亚文化自身的交流系统来看，一方面，新媒介正在历史性地改写着青年亚文化与主流文化之间的关系；另一方面，新媒介为青年亚文化构成要素的技术重组和创建催生了新型的表达方式。

以伯明翰学派为代表的传统青年亚文化理论基本上是先验地预设了青年亚文化对主流文化的抵抗性和依存性。譬如，科恩对伦敦东区工人阶级子弟的研究揭示，青年亚文化对工人阶级母体文化表现出表面的拒绝或反抗，却又有内在的依存和继承。威利斯对嬉皮士青年亚文化的研究表明，青年亚文化与中产阶级文化之间始终存在一种"结构性对立关系"。克拉克依据对特迪文化的深入研究也发现，"亚文化作为一种非官方的文化形式，拼贴所产生的亚文化风格的意义就必然处于和统治阶级意识形态相对立的地位"。诸如此类的"抵抗"观和"依存"观诞生于前互联网时代，研究的是现实世界中的青年亚文化实践活动，而以此观点来观照和解读新媒介时代的青年亚文化，难免捉襟见肘，力不从心。新媒介时代的青年亚文化，往往更长于表征似乎完全属于自我化或虚拟化的感性世界，而不是公然地"抵抗"现实间存在的文化形态，更不愿意与父辈或权威文化发生正面的"冲突"；它们不仅抹去了横亘在主流和非主流之间的森严界限，隔断了主体与现实之间的人文关注，有时候还经常颠倒真实与虚拟的逻辑关系，将真实虚拟化，虚拟真实化。

我们必须意识到的是，出生并成长于网络时代的青少年群体，天生就与网络、手机等新媒介结缘。他们通过新媒介接受的信息远远多于传统主流渠道，比如大众传播媒介、学校教育、父辈传承等。传统主流渠道对他们精神成长的影响或许将日趋式微。与此同时，他们通过琳琅满目的新技术和新媒介产品，如 iPad、智能手机、微博、社交网络、视频分享站点、在线游戏等，畅通地传递着自己创造的文化，在信息传播、交友、玩耍和自我表达的世界中追求自治与认同。于是，青年亚文化的实践活动最终成为一种自我宣泄、自我表现、自我满足的技术方式和文化意义。网络媒介的开放性、无中心性消解了现实世界中权威、主流、父辈等对青年加以掌控的可能性，或者说，网络媒介为青年亚文化的生成、发展提供了最为自由、宽松的逃避主流文化"压抑"的庇护所。

在青年亚文化构成要素的技术重组和创建方面，网络媒介以"数据""图像""多媒介视频"的技术特质为基础，创建了一个互动、复制、仿真和拟像的世界，一个全然不同于以往的世界。正如鲍德里亚所言称的那样，在模型、符码、符号建构的类像世界里，模型和真实之间的差别被销蚀，形象与真实之间的界限被内爆，人们从前对真实的那种体验及真实的基础也一起宣告消失。新媒介的技术特征正在将众多非自然的、非真实的事项、文化和意义成分引入赛博空间，并且运用超文本或者超媒介的技术，为青年亚文化与外部现实世界的断裂创造出了一种"自然"的表现空间，遮蔽了人与现实真实关系的呈现，促成了青年亚文化表达方式的图像化转型。如此，即使在中国这样一个传统文化与现代、后现代多元文化并存的国度里，人与其所创造出来的各种社会文化意蕴之间，也同样不再是传统媒介时代那种明晰的主客关联关系，或文化符号与现实世界的直接对应关系了，而是更多地通过图像符号的表征系统去消解原有的话语体系，用多媒介符号去解构既存的文化类型和文化理念。

在这种社会和技术语境条件下，中国当代青年亚文化便以空前活跃的姿态走上了网络空间的前台，而使传统意义上的青年亚文化类型迅速移位至后台,蜕变成了所谓前新媒介时代的过气文化遗存。如果说,新媒介、新技术果真如麦克卢汉所说的那样"构成了社会机体的集体大手术",那么毫无疑问,青年群体是这种大手术的率先操刀者。他们张开双臂,热情扑向新媒介,并借助新媒介、新技术来创造出属于自身的新的文化样式。青年亚文化在以互联网为基础的新媒介的激发下,正在如火如荼地燃烧。

二

以互联网为主体的新媒介对青年亚文化发展的影响比此前几乎所有的媒介都要广泛、深刻和迅捷得多——这不仅影响青年亚文化的多样性和传播方式,也影响它所提供的亚文化文本的存在形式和功能模式,还有亚文化生存、生长的整个生态环境和文化语境,从而促成了青年亚文化的盛行。

首先,借助网络媒介的快速成长和迅捷普及,青年亚文化已经从相对封闭的"小众团体"走向开放的"普泛化"的整体青年社会。以计算机网络为代表的数字媒介,从开发之初就预设了兼容和平权的机制。技术的"傻瓜化"强化了"网络世界人人平等"的可操控性,而友好的计算机界面和人性化的网络空间模糊了现实社会中身份、性别、收入、学历等等所带来的多重差异,最大限度地吸纳了青少年群体的加入,激发了社会不同阶层青年群体参与文化创造的热情,从而让亚文化从传统的另类、小团体模式中突围,成为青年群体共同参与、共同分享的文化。与此同时,网络、手机等新媒介的普及及信息资费的低廉化趋势,冲破了青少年使用新媒介的经济壁垒,更提供了亚文化生产、传播和共享的"普泛化"和"即时性"的媒介工具。

这里所谓由"小众"走向"普泛",其实质就是使青年亚文化的话语权回归青年本体,尤其是将青年的媒介话语权交还给青年。长期以来,青年是被基于成人价值观和世界观建构的成人文化话语强行描述的,而不是由青年自己的语言来编码的。比如,芝加哥学派对城市底层青年亚文化的研究,伯明翰学派聚焦的工人阶级青年亚文化,以及中国 20 世纪 80 年代以来的摇滚和地下纪录片的研究等,这些青年亚文化的研究,尽管也突出了青少年边缘化的问题,但由于研究者基本上是来自中产阶级的成人学者,因此,他们难免将青少年群体传奇化,并且忽略那些真正意义上的"普通孩子",从而使青年亚文化生产和传播被不同程度地圈定在某个阶层或者某个文化小圈子之内。同时,由这些成人学者的话语出发,青年亚文化往往被贴上类似这样的流行标签:主流派、非主流派、危险人物,等等。然而,网络技术传播重构的新公共空间能够向几乎所有的青年群体,甚至向游离于亚文化圈子之外的青年人群开启,从而确立了青年亚文化的普泛化存在和传播。可以说,网络媒介青年亚文化的普泛化趋势是青年亚文化的一大进步,也是青年群体文化创造力的一次解放。这种由青年群体广泛参与的青年亚文化的意义还在于,削弱了传统媒介镜像下和主流意识形态话语中关于青年亚文化的"道德恐慌"评价和"妖魔化"的叙述,也溢出了基于意识形态对抗和阶级斗争理论而对青年亚文化的界说和肯定,它在更大的程度上是通过新媒介技术而自我界定、自我指涉,并直接呈现,从而具有更多属于青年亚文化主体的言说权利。而这一事实当然也"逼迫"着青年亚文化主体言说之外的亚文化理论的调适和修正。

其次,青年群体通过谙熟地使用新的媒介技术为自身赢得了更为广阔和自由的"书写"空间。比如,网络媒介所特有的虚拟性和匿名性,就为青年亚文化提供了表达的自由通路,而自由表达始终是青年亚文化得以生产和传播的基本前提,它可以使青年据此克服青春期的怯弱、羞涩、拘谨和不成熟忧虑,不忌惮成人家长般的管制,充分自由地表达自我。毫无疑问,是新媒介为青年亚文化插上了自由表达的翅膀。

再次,青年亚文化通过新媒介技术的多媒介、多兼容、多互动的诸种特性,突破了传统亚文化风格的表达惯例,获得了更自如的、多样化的表达方式,从而形成了独特的青年亚文化风格。在新媒介中,那些新的技术呈现和表达方式,比如,媒介由语言文字符号、声音符号和影像符号向综合的数字符号转变,使文化的表达突破了对单一媒介的依赖,实现了青年亚文化表征符号的"脱胎换骨"。传统意义上亚文化的"符号",主要体现在出奇的衣着方式、独特的言行风格、小众的音乐类型等方面。如赫伯迪格笔下的朋克族,"额上的卷发和皮夹克、小羊皮软底男鞋和尖头皮鞋、橡胶底帆布鞋和帕卡雨衣、摩登族的平头和光头仔的步伐、紧身瘦腿和色彩鲜艳的袜子、紧身短夹克和笨重的街斗钉靴,这乱糟糟的一切物体能够既'各就各位',又显得'不合时宜',这多亏有了惊世骇俗的黏合剂——安全别针与塑料衣、既令人畏惧又让人着迷的缚皮带与绳索"。而当下的青年亚文化群体压根并不希冀借助这些出格的外在"行头"来表达亚文化的"风格"和意义,他们更青睐于使用网络媒介所带来的新技术手段和技术装置去表情达意,将真实的主体形象以匿名的方式掩藏在赛博空间里。他们除了通过风格化的音乐表达自我外,更多的技术和手段随着网络媒介的发展被不断开发和利用,如 Flash 动画、在线游戏、动态相册、多媒介视频软件及 MSN 和 QQ 等在线聊天工具、Twitter 和微博、搜索技术等。掌握这些技术的青年不再拘泥于某一种表达方式,而是杂糅了文字、图像、影像、声音等多媒介手段,轻松自如地参与到亚文化的生产和传播中。

最后，与上一点密切相关的是，青年亚文化的文化类型也迅疾由单一走向多元，致使基于网络新媒介技术的青年亚文化类型层出不穷，此起彼伏。当下，网络媒介上盛行的自拍文化、恶搞文化、迷文化、搜索文化、黑客文化、御宅族文化、游戏文化、同人女文化、Cosplay文化等，无不寄生于网络，活跃于网络。而掌握了新媒介技术的一代青年人甚至以网络技术为"武器"，在自我与成人世界之间筑起一道自我保护的"高墙"。这种通过技术壁垒逃避和主动隔绝主流意识形态及成人世界的文化影响，在虚拟"高墙"之内演绎别样人生的青年文化态势，只有在网络技术时代才得以成为现实。

另外，新媒介的发展也促成了青年亚文化传播方式的根本改变。其中最突出的，是由单向传播转换成多向交互式传播，由滞后性传播转换成即时性传播。除此之外，青年亚文化实践活动和文本内容的便捷上传、下载和在线生成，传播者和受众角色的合成及互为转换，虚拟空间与现实社会的互动聚合，均从物质、时间、空间、技术等多方面突破了原有的社会和技术性藩篱，在青年亚文化中间几乎实现了无障碍传播。

三

毫无疑问，上述新媒介语境下形成的青年亚文化的存在和传播方式，已经赋予青年亚文化崭新的文化实践意义。其中，最典型的莫过于青年亚文化"抵抗"精神的弱化乃至失落，以及亚文化自身多样化与娱乐化、全球化与消费主义的特质。这些导致青年亚文化步入极具后现代特征的"后亚文化"时代。

一如鲍德里亚、利奥塔、哈维等声称的那样，后现代文化的一个重要特征是资本在全球范围内更深层次上的渗透和均质化。这些过程同时也产生了更进一步的文化碎裂，时空经验的改变及经验、主体性和文化的新形式。换言之，网络媒介的无深度感、暂时性、分裂性和全球化特征，促使在其基础上生成和传播的青年亚文化不再可能抵抗任何单一的政治体系、主流阶级和成年文化，他们甚至不同程度地弱化了这一文化的某些"抵抗"的特质。因此，如果依然在反抗／抵抗的层面上去认识网络媒介下的青年亚文化，便显得方枘圆凿、扞格不通了，因为我们所处的世界早已发生"裂变"，二元对立和某一主流文化始终居高临下的观念也已被多元文化观念取代。

我们看到，新媒介语境中的青年亚文化特质，在传统的"阶级"和"年龄"之外，其可变因素也呈现出空前的多元性和复杂性，诸如身体、性别、种族、民族、时尚、图像等关键词，不断进入当代青年亚文化的内核和意义场域。也就是说，新媒介催生出的青年亚文化已经不再单单囿于某种风格鲜明而固化的文化类型，相反，许多特征明显不同的青年亚文化类型共时性地陆续呈现，甚至此起彼伏，随着时间的流逝，它们不断出现、繁盛，直到消失，周而复始，生生不息。青年人也不再仅仅将自己执着地归属于某一种亚文化类型，他们经常从一种亚文化类型转向另一种亚文化类型，或者同时属于几种亚文化类型，实际上建立起法国社会学家米歇尔·马菲索里所说的"新部落"，即社会群体之间的识别不再依赖阶层、性别和宗教等传统的结构因素，消费方式成为个人创造当代社交及小规模社会群体的新形式，"新部落没有我们熟悉的组织形式的硬性标准，它更多的是指一种气氛，一种意识状态，并且是通过促进外貌和'形式'的生活方式来完美呈现的"。这种新社交方式鼓励个人以不同的角色、性别、身份自由地参与多个流动的、临时的、分散的而非固定的部落，从而在部落之间动态地、灵活地定位自我。

事实上，不同阶层及不同教育、社会环境中的青年人总是分属于各种明显不同的群体,他们在观念、价值观和意识形态上都有着极大的差异性、多样性和异质性。恰如有着中国和加拿大双重血统的学者卢克指出的,在后现代时期成长的青年,"大约要经历16到18个不同的世界……这就像是在不同文本的海洋里航行一样。每一个文本都试图将你定位、出卖你、定义你"。这样的青年亚文化样本和青年亚文化族群,在网络媒介时代,不仅出现在传统的亚文化音乐生产中,也频繁出现在听觉和视觉技术中。所有这些媒介生产及其产品都渗透和塑造了青年亚文化的面貌,从而勾勒出万花筒般的青年亚文化面貌,正如默克罗比所评述的那样,"对表层的关注越来越彰显,意义被炫示为一种有意为之的表层现象"。

在这样的情境下,"抵抗"既模糊了着力的对象,也失去了明确的方向,娱乐的特性则得以放大。网络文学由"寓教于乐"转向"自娱娱人",网络视频聚焦重心由"艺术作品"转向"现场直录",网络语言由"精致合规"转向"生造逗乐",网络图像被技术率性"PS",甚至,传统、经典、权威、主流的话语、作品和表达都面临随时被颠覆和解构的命运。一代青年对待权威的方式并不是公然地抵抗和反对,而是采用拼贴、戏仿、挪揄、反讽的手段尽情调侃和讥刺,同时获取自我愉悦和狂欢。恶搞亚文化是最典型的范例,而其他在新媒介平台上活跃的文化类型,也无不充满着这种自娱自乐和无厘头的色彩。尽管这种娱乐化的过程往往不可避免地指向空洞和无意义,但是,我们必须看到,其对所谓主流、经典、权威的解构,依然凸显出文化心理的意义向度,那就是释放激情、缓解焦虑、宣泄不满、寻找自我及个体和群体身份的认同。也因此,或可以说,新媒介语境下的亚文化在弱化了"抵抗"色彩和精神的同时,将"抵抗"的意义稀释于娱乐化的表达之中。

新媒介语境下的青年亚文化除了具有弱化"抵抗"、多元发展自身文化和偏重娱乐化的特质外，还显现出向全球化与消费主义妥协的趋向。贝斯利认为，处在晚期资本主义之后的后工业化社会中，有两大特征影响青年亚文化的生长和传播，"一是被跨国公司而不是被单一国家影响和主导的消费社会，另一个是被信息技术、媒介和服务行业而不是被旧制造业赋予特征的全球化社会"。众多跨国组织，包括微软、苹果、可口可乐、时代华纳等跨国企业，世界银行、联合国等国际政府组织及绿色和平等非政府组织（NGOs）都在带动全球化进程，使诸如全球市场、商品化、消费、互联网、国际时装等日渐互相关联，甚至可能转向全球通用。与此同时，多元文化之间的差别和冲突在全球化进程中非但没有被抹平，相反，其因为交流的便利而变得愈加突出。然而，新媒介技术同时为弱势群体和个人提供了成本低廉、方便易得的传播场所，给了他们表达自己声音的极大机会。在网络新媒介世界中，谷歌、百度、MSN、QQ、Twitter、人人网、豆瓣、优酷等在全球资本、商业利益和中国经济市场化、开放化的驱动下，为持有一台电脑及上网设备或拥有一台联网手机的所有青少年人群提供了原创或传播自身文化信息的可能。同时，众多跨国企业还处心积虑地将青少年群体视为最完美的消费者，它们从市场缝隙、人口和心理特征、生活方式等全方位地对青少年加以细分，如叛逆者、"80后"、"90后"、网购族、冲浪迷、背包族等，并着眼于这些团体成员的多重文化身份、欲望需求及购买能力，有预谋地和积极地去培养他们特定的消费习惯和价值观念，从而建构起庞大的青少年消费市场。

今天的青少年更多是通过消费和市场层面而不是传统渠道，如家庭、组织、学校发现他们的身份和价值。其中，最典型的莫过于跨国公司在他们持续不断的广告运动中将消费身份和消费观念以各种炫目的手法植入青少年的认知和价值观中，从而消弭青年人在种族、阶级和性别上的区别，取而代之以时尚的风格、新的性别角色、新的认同、新的文化实践、新的家庭格局和新的社会团体等。事实上，今天的青年亚文化通过互联网络等新媒介的确能够更容易地了解外部文化，全球化的趋势也模糊了它们建立在不同国家、阶层、地域乃至性别基础上的青年亚文化特征。如果无视这一变化，我们将很难深入而准确地把握当今的青年亚文化本质。

四

新媒介技术促成的当代青年亚文化的盛行，意味着青年亚文化身份的"与时俱进"。但需要继续追问的是，新媒介语境中的青年亚文化能否真正延伸成为与主流文化交相辉映、互生互长的文化类型？新的青年亚文化能否为全社会的文化整合、文化调节与文化优化提供良性因子，从而有助于社会在追求民主、和谐中健康前行？

在某种意义上，青年亚文化似乎总是作为社会主流文化外的一种不和谐音响而被世人感知，作为一种偏离常规的乱象而令世人侧目。新媒介语境下的青年亚文化也是如此，它每每引发社会的"道德恐慌"，它往往印证着"娱乐至死"的担忧，它总是以个人主义的张狂稀释着各种集体性的凝聚力，它还可能在疏离、越轨、颠覆的行为中，破坏规范，陷入意义的虚无……所有这些，昭示着文化的断裂、社会的失序，也呼唤着文化的调整。但是，如果仅仅将所有这些作为对青年亚文化的指控，那便忽略了一个富有积极意义的观察视角，即将青年亚文化置于文化整体构成及其变迁之中加以观察。

一个显而易见的媒介文化图景是，新媒介点对点传播、传受互动乃至传受合一的特性，都可能使同质青年亚文化的呈现强度加大、加密，又使不同类型青年亚文化之间的交流、相融、再生更加便利。如此，多样化的青年亚文化不但丰富了新媒介自身的信息内容，也促使传统媒介和主流文化无法忽视网络上众多的亚文化实践及其文化符号和文化意义。事实上，网络虚拟空间的青年亚文化实践活动正在成为传统媒介跟踪、聚焦、报道的重要内容。青年亚文化已经陆续登堂入室，进入主流媒介视野，引发主流媒介关注。仅以近两年为例，人肉搜索、网络雷词、山寨春晚、贾君鹏事件、犀利哥等亚文化事件，无不是经由传统媒介介入传播后成为整个社会的文化事件的。同时，这些亚文化事件得以传播，也拓宽了传统主流媒介的传播口径，从而拓展了主流文化关于民主和宽容的理念。

不仅如此，新媒介语境下的青年亚文化实践，可能激发对主流文化的重新审视，丰富其内蕴，甚至促成新的文化整合。年轻人出于对动漫、游戏等的痴迷，自制道具和服装，扮演自己喜爱的人物。这本是一种私下的个体的娱乐活动，随着国家产业结构的调整，文化创意产业被提上议事日程，Cosplay 也因此被整合进动漫产业链中，成为重要的内容之一。可以说，新媒介为青年亚文化新的生存方式提供了可能。它们既在网络世界兴盛并影响主流媒介、主流社会、主流人群乃至主流意识形态，同时，也在与主流媒介和主流文化的协调整合中进入主流，壮大自身。更进一步而言，这实际上涉及未来文化的可能性，即青年亚文化为文化的未来发展提供最初的动力、灵感和实验。现在我们可以说，PC 的使用绝对是一种主流的技术文化，但是，许多人恐怕忘了，这一计算机文化肇始于乔布斯等人当年充满理想色彩的黑客亚文化实践。

正是在这样的意义上，自 2005 年起，我们高度而密切地关注新媒介语境下产生的一系列青年亚文化现象，并在 2008 年国家社科基金立项的基础上，对此展开全方位的理论和文化实践类型研究。丛书第一辑所收录的"迷族""恶搞""黑客""御宅""拍客""网游""Cosplay"仅是青年亚文化中最为活跃、影响颇大的几种类型而已，不足以代表所有的青年亚文化，但借此研究我们希望唤起主流社会和大众媒介、传播和文化研究的学者乃至全社会的高度重视，希望大家能抱着平等而非俯视、理解而非误解、尊重而非排斥的态度，与青年成为朋友，真正洞察他们之后，再因势利导，而非先入为主，树敌在先。青年是未来，谁赢得青年，谁就赢得未来。与此同时，我们也渴望这些亚文化实践的主体人群能从我们的研究中有所得益，能透过好玩、消遣、娱乐的表象，认识到自身文化实践对于自我、群体以及社会的意义和影响，从而保持源源不断的创造性和先锋性，以青年群体特有的方式，积极构建与主流文化的沟通和对话，为我们这个时代的文化创造和转型提供更多元的文化资源，为开放的文化生态贡献力量。

五

以上序言内容写于2011年末"新媒介与青年亚文化"（第一辑）出版的前夕。这套丛书共有七种，包括陈一著《拍客：炫目与自恋》，顾亦周著《黑客：比特世界的幽灵》，鲍鲳著《网游：狂欢与蛊惑》，易前良、王凌菲合著《御宅：二次元世界的迷狂》，曾一果著《恶搞：反叛与颠覆》，陈霖著《迷族：被神召唤的尘粒》，马中红、邱天娇合著《COSPLAY：戏剧化的青春》。此次重新收入的原序言仅对少数词汇和语句做了修改，主要考虑到丛书之间的延续性，也试图为迅疾变化和发展的亚文化现象和研究留下早期的痕迹。

丛书第一辑出版后我们便有了做第二辑的想法。选题几经讨论，最终于当年十月确定聚焦当时那些引人瞩目的新媒介青年亚文化实践，包括 iphone"越狱"、粉丝媒体、微博狂欢、网络涂鸦、字幕组、星座热及耽美同人。第二辑的写作与出版过程出乎意料地缓慢，前后花了近十年。在媒介技术和新兴科技频繁迭代、各领域快速向前奔跑、社会群体身不由己内卷的全速发展时代，十年太久了！在这期间，作者身份大多有所变化，研究方向也有所调整，但因为这套丛书的缘故，我们再次回归初心，克服诸多困难，坚持完成了写作，这令人倍感欣慰！当然，十年间，我们所从事的新媒介与青年亚文化研究并未停止。我们陆续出版了《青年亚文化研究年度报告》（2012、2013、2014、2015）四卷、《无法忽视的另一种力量》、《网络那些词儿》、《新媒介·新青年·新文化——中国青少年网络流行文化现象研究》，撰写了《移动互联网时代的亚文化研究》（未出版）等学术论著，始终保持着对新媒介与青年亚文化的观察和研究。

十年来，青年亚文化非但完成了前文所述的小众文化普泛化、网络空间文化实践日常化、自我表达媒介化、文化类型多样化等重要转型，而且在新兴数字技术的支持下，迅速蜕变成多种多样的时尚和潮流文化，使得青年亚文化的属性发生了一系列重大变化。主要体现为：

其一，青年亚文化已经不再是扰乱社会秩序的"越轨文化"，不再是向主导文化发起文化"仪式抵抗"的具有鲜明特色的边缘群体的文化，而是基于互联网社会化媒体"圈子"基础所形成的各种次级文化。青年亚文化与主导文化既相异又互动，两者融合共进，促进社会总体文化不断发展。首先，主导文化为青年亚文化提供了丰厚充沛的文化支撑。中华民族博大精深的传统文化、代表人类文明和新时代进步力量的先进文化、承载社会主义核心价值观的优秀文化等都是青年亚文化生成个性化风格源源不断的"文化资源池"。任何一种青年亚文化都依附于主导文化。耽美文化、涂鸦文化等从"文化资源池"中获取人设、场景、情节、语言和其他文化符号，再生成特定亚文化的风格。其次，主导文化与青年亚文化可以相互转换。曾经的青年亚文化可以成为主导文化，譬如字幕组从译介海外动漫、影视作品到译介网络公开课的华丽转身，成为知识分享的重要渠道；同理，过去的主导文化，或许也会成为今天的亚文化，比如作为国粹的京剧退隐至小众的票友文化。再次，青年亚文化具有先行先试的精神和积极探索的优势，能源源不断地给主导文化输送鲜活的文化符号和文化创新因子。这一过程，不仅能激活主导文化，使其更有活力，更深得人心，而且，青年亚文化符号融入主导文化之中，也导致一些亚文化慢慢主流化。

其二，青年亚文化实践的"新部落族群"特征愈发鲜明，字幕组、耽美圈、"越狱"者都不再单纯地仰仗地缘、职业、班级、阶层、性别等传统社会关系建构自己的社会交往，共同旨趣、相似消费、彼此共情成为个人创造当代社区及小规模社会群体的新形式。这种新社交方式鼓励人们以不同的角色、性别、身份自由地参与多个流动的、临时的、分散的而非固定的部落，从而在部落之间动态地、灵活地定位自我。随着亚文化实践准入门槛越来越低，参与亚文化实践的群体的身份也越来越多样化，小镇青年和乡村青年大量涌入，在新浪微博、短视频平台和二次元大本营B站都有着丰富多元、良莠不齐的内容分享和文化参与，从而促成亚文化规模上的去"亚"化，泛亚文化群体日渐壮大。

其三，青年亚文化持续不断地产出大量独特的文化符号，包括语言、图片、表情包、影像，也包括带有独特亚文化基因的"梗"。这些符号的所指与能指关系随着使用场景不同而流变，其文化表征和意义仅仅用单一概念，如"仪式抵抗""身份认同"等已无法深入阐释。丛书第二辑在青年亚文化娱乐化、混杂化、技术空间化等趋势及消费与创造等框架下对微博、星座、耽美、粉丝媒体、"越狱"、字幕组等网络亚文化展开分析,不仅关注语言文字、图像、视频所生产的各类文化符号所表征的风格和意义,同时也关注青年亚文化精神"抵抗"的弱化和"风格化"特征模糊之后的意义追问。微博空间中的喧哗、狂欢、批判、创意等文化实践,在获得情绪宣泄和自我愉悦的同时,也推动公共意见表达和文化创新。网络涂鸦的身体重塑、戏谑狂欢与话语游戏,既有微弱的抗争和表达,也凸显出娱乐化特性,将"抗争"的意义稀释于狂欢化的风格表达中。

其四,青年亚文化表现出更为明显的技术化和媒介化倾向。网络和数字技术是青年亚文化"圈地自萌"和形成新的交往模式的"基础设施",是青年亚文化生产、消费和传播的媒介平台,是青年亚文化表达、展演和创造的多媒体容器,也是青年亚文化多变风格和另类美学的技术底色。媒介技术则是青年亚文化于使用、消费和分享过程中形成自身价值和意义的途径、方式与空间,既拓展也限制了网络涂鸦的媒介空间和表达呈现,为粉丝媒体的不断创新提供了技术可能性,"越狱"更是以技术为核心建构起独特文化现象。数字技术的"傻瓜化"降低了进入亚文化的难度,使全民参与成为可能;数字技术又丰富了青年亚文化的表现形式,使其更吸引人。在新媒介技术的可供性开掘中,粉丝文化主体积极地建构新的亚文化媒介空间,参与文化生产和分享;网络弹幕技术改变了网民在线交互方式,更创造了一种共同在场的观影感受;AR 技术、Vocaloid 系列语音合成程序等人工智能技术将进一步改变亚文化的生态系统。

其五,青年亚文化的"平台化生存"。早期亚文化群体一般通过个人网站、论坛和邮件讨论组展开交流。初步壮大后，开始转移到商业网站（特别是门户网站）免费提供的论坛空间中。此时的商业网站尚未意识到青年亚文化的经济价值。它们提供空间主要是为吸引人气和流量。当亚文化的产业价值开始凸显时，专属的商业化平台就开始涌现出来。这里既有起始于亚文化群体且依然带着浓重亚文化色彩的平台，如B站、豆瓣网等，也包括更多由互联网公司以培育、扶持、收购、兼并等方式建立的平台，如起点中文网、新浪、抖音等。迄今，有代表性的网络青年亚文化基本都栖居于头部互联网大平台中。"平台化生存"为亚文化群体带来充分的技术红利。个人网站时期服务器到期或黑客入侵、门户网站时期因甲方改版被迫迁居等问题现在基本不存在了。技术又为亚文化群体带来统一的平台文化身份建制，即在亚文化生产者们被以不同等级区别之后，他们的知名度、粉丝数量、签约出版机遇及经济待遇随之发生改变，使其更具有文化生产能力。有庞大用户积累的大数据通过数据汇聚、算法、推送使亚文化实践深陷平台商业资本的逻辑之中，最典型的莫过于今日新浪微博通过平台操控将偶像文化"饭圈化"。

其六，全球跨国资本的持续不断的介入，将时尚风格、新性别角色、新身份认同、新文化实践、新家庭格局、新社会团体等消费身份和消费观念植入人们的认知和价值观中。互联网头部公司积极征用亚文化符号，也反过来成为网络亚文化最强劲的催生者和形塑者，从而将亚文化特有的文化资本转化为日渐兴盛的互联网亚文化产业。青年亚文化不再是个体单纯休闲娱乐的方式，转而成为富有个性化的生活方式，甚至成为青年人的职业选择。青年亚文化从小群体独特的文化旨趣转变成影响社会的力量：字幕组的跨文化传播对消除文化偏见、增进多元文化主体的互信互利有着积极价值；耽美文化对克服传统性别不平等及对多元性别的包容和理解起到不可小觑的影响；网络占星成为一种"新俗信"，有助于青年群体反思和建构自我，彰显了一种生活方式。

互联网高速发展并迅速融入社会生活的方方面面，深刻改变了大众，尤其是青年的生存和生活方式。互联网作为开放的网络亚文化生产、传播、消费和再生产的平台，生产主体越来越多样、参差。青年亚文化面广量大、良莠不齐，呈现出载体不一、平台影响力大小不均、监管难易程度不同等面貌倾向。如此，导致青年亚文化在整体平稳发展时有"脱轨"现象出现，有些甚至成为引爆社会舆论的热点事件。正是这些"易爆品"加大了青年亚文化发展的不确定性和风险性，比如占星、涂鸦、微博等文化实践中的低俗化、恶搞化、色情化，"越狱"、字幕组、耽美同人创作等文化实践对版权和其他知识产权的漠视，以及亚文化的某些负面现象对未成年人的不良影响等等，影响了社会主流阶层和社会大众对亚文化的客观评价，甚至引发管理部门对青年亚文化的监管要求越来越高，也由此引发亚文化的抗争、冲突和规避。一方面，主导文化需要合理包容青年亚文化；另一方面，青年亚文化需要自我净化，力争与主导文化并行不悖、融合共进。

六

"新媒介与青年亚文化"（第一辑）在发起之初，得到先后就任苏州大学出版社、清华大学出版社总编辑的吴培华先生的高度重视。他参加了提纲讨论、书名斟酌、初稿审议的多次会议，为当时尚处于边缘状态的青年亚文化研究鼓而呼，并在丛书出版遇到各种不可预测的困难时，鼎力相助，方使丛书顺利面世。他的敏锐和果敢，令人敬佩！

丛书第一辑入选"十二五"国家重点图书出版规划、国家出版基金项目，也是国家社科基金项目"新媒介与青年亚文化研究"的阶段性成果。第一辑出版后，获得了读者好评，尤其是那些文化实践的"当事人"给予的评价尤为我们所珍惜。丛书还先后获得中华优秀出版物奖提名奖、中国大学出版社优秀图书奖（优秀学术著作）、"苏版好书"等荣誉，其中，《COSPLAY：戏剧化的青春》入选2013年《中华读书报》百佳好书，获江苏高校第九届哲学社会科学研究优秀成果奖（三等奖）。丛书第二辑同样也入选"十三五"国家重点图书出版规划，并获得国家出版基金资助，这充分说明青年亚文化之于当下社会总体文化的重要性和不可忽视性。

即将面世的第二辑包括陈霖等著《粉丝媒体：越界与展演的空间》，曾一果、颜欢合著《网络占星：时尚的巫术》，陈一、曹志伟合著《网络字幕组：公开的"偷渡"》，杜丹著《网络涂鸦：拼贴与戏谑之舞》，杜志红、史双绚合著《微博：喧哗与狂欢》，顾亦周、刘东帆合著《"越狱"：自由还是免费》及本人著《耽美：性别身份的魔方》，一共七种。第二辑的出版工作得到了苏州大学出版社原社长张建初先生和现任社长盛惠良先生、原总编沈海牧先生和现任总编陈兴昌先生的鼎力支持。感谢诸位的宽宏大量。李寿春女士是丛书的具体负责人。没有她的全力协助、不懈敦促和倾心付出，这套书很可能早就夭折了！感谢所有相关编辑和设计师成全此丛书。

自2013年起，本人在苏州大学传媒学院为新闻与传播学研究生开设"新媒介与青年亚文化"课程，每年选修学生可达三四十人。同人们在苏州大学新媒介与青年文化研究中心主办的"读书部落"中研读媒介与文化的经典学术著作，分享青年亚文化研究心得，这样的交流持续了十多年，极好地维系了我们之间的友情合作。苏州大学的青年学子积极参与读书活动、课题调研、资料收集和研究工作。与他们的交流和协作给予我们源源不断的新体验、新认知和新观点。感谢十年来选课和参与研究中心学术活动的所有师生。希望青年亚文化生生不息，我们的研究也可永续！

马中红

2021年夏于苏州独墅湖畔

目录

字幕组是什么？/1
    一道道"极光"/3
    跨文化，怎么跨？/6
    技术赋权：公开的"偷渡"/9
    趣味相投：认同、遗忘、拾取/14

前世今生：中国互联网字幕组小史/23
    从"日漫"到"韩流"：日韩剧集字幕组
      发展简史/25
    从"老友记"到"宇宙组"：欧美剧集
      字幕组发展简史/35
    字幕组的主要分型与"另类意义"/42

参与观察：在字幕组的线上四个月/53
    入群与试翻/55
    成就与担忧/59

心得与反思 /63

特征建构：亚文化视阈下的字幕组 /69
特殊的社群 /71
地下与线上 /77
"为爱发电"与文本再造 /83

协商共进：文化竞合视阈下的字幕组 /93
字幕组与本国文化发展 /95
字幕组与中外文化交流 /100
字幕组与互联网特质 /110

诸事待毕：从法律规制、社会结构、文化哲学方面的再透视 /119
法律规制：底线、困局与出路 /121
社会结构："共享—竞争—共享"的逻辑 /129
文化哲学：达达主义、文化跨场与天下观 /137

翻遍全球：字幕组与未来的人、技术、
　　制度/145
　　　　从字幕组到"字幕菌"/147
　　　　AI技术让字幕组消亡？/149
　　　　新制度与新空间/153

个案研究/159
　　　　越南字幕组概况/161
　　　　新加坡ViKi字幕社区/168
　　　　韩剧中文字幕组的发展：以"凤凰天使"字幕组和
　　　　"韩剧大直播"为例/173
　　　　从字幕到弹幕：字幕组文化的一种衍生/182

参考文献/194

我们是谁?
我们是虚拟网络上的一群人,
是真诚与互助组成的团队;
我们是怀有相同兴趣的少年郎,
用青春谱写翻译的诗篇;
我们是刚学会走路的婴儿,
正在努力观望着这个新鲜的世界;
我们虽年轻却沉稳,
虽未有名气但颇具创新;
我们是美的传播者,
是文化的使者;
我们存在于您所看的每一部
美剧 英剧之中;
如您也和我们一样
渴望享受参与字幕组的快乐,
我们定会敞开怀抱 欢迎您!
我们将句句文字
转为道道极光。
　　——极光字幕组《将句句文字转为道道极光》[①]

字幕组是什么?

[①] 极光字幕组对字幕组团体的自我评价,他们创作了一段46秒的视频,用以形容自己的身份、描述自己的行为。材料来源: https://v.youku.com/v_show/id_XNjU1Nzk4MzIw.html

这段话是互联网上"极光"字幕组在自己的宣传片中写下的文字，几乎就是一首现代诗。"极光"字幕组将自己称为"美的传播者"和"文化的使者"。他们传播了什么文化？通过什么方式发现美？美的传播是什么时候开始的？普通网民似乎并不关心，也无从知晓。字幕组是一个"神秘组织"，和我们隔着一层"未知之幕"，但又时常出现在我们的文化生活中。

本书试图通过线上到线下的追寻、文本和历史的爬梳、传播及接受的互动、仪式与动机的甄别，告诉你字幕组是谁，以及它们的文化意涵、情绪符码、社会价值……

一道道"极光"

字幕组用天文奇观指涉文化现象，将自己的行为称为"道道极光"，生动而又准确。1890年，挪威地球物理学家伯克兰提出：极光是离地球1.5亿千米的太阳不断地向地球放射物质点形成的——离地球表面5万千米到6.5万千米以外有一层磁场将地球罩住，当太阳的质点直射这层磁场而被挡住时，它便向地球四周扩散，寻找钻入的空隙，形成极光。今天的科学家进一步解释道：极光是一种绚丽多彩的等离子体现象，其发生是由于太阳带电粒子流（太阳风）进入地球磁场，在地球南北两极附近地区的高空，夜间出现的灿烂美丽的光辉。极光产生的条件有三个，即大气、磁场、高能带电粒子，三者缺一不可。如果做个类比，字幕组产生的条件也有三个：类似于"大气"的互联网传播技术环境，类似于"磁场"的跨文化交流需求及其语境，类似于"高能带电粒子"的一个个鲜活的字幕组成员及其群落。

从一般的定义出发，字幕组（Fansub Group 或者 Fansubbers）是指"将外国的原版影片和动画等配上本国文字字幕，然后再将字幕或者带字幕的影片拷贝在互联网等平台上进行发布和传播的爱好者团体"①。从文化和技术上讲，字幕组是一种诞生于互联网时代的新事物，带有典型的"互联网＋"特征；从社会属性上看，字幕组属于一种民间自发的个人团体组织，它打破了过去以地缘、血缘、姻缘、学缘、业缘等形成的常见共同体组织结构。

英文 fansub 是 fan-subtitled 的简称，意思是"由粉丝加上字幕的"，因此字幕组的活动和"粉丝""迷群"的活动密不可分。在过去，"配音"是国外影视剧常见的翻译和呈现形式，正式版权引进方拿到影视剧拷贝之后，组织专业人员进行翻译和配音，然后作品才能与观众见面。但是由于当时配音的技术难度大，优质的配音工作者稀缺，以至于国内观众对某些配音员的嗓音非常熟悉。与之形成鲜明对比的是，互联网时代"众筹"了用户的智慧和才情，通过特定软件给视频添置"字幕"的难度较小，高水平翻译者群体贡献出的海量业余时间，带来了"字幕组"的流行。

字幕组不分国界，并不是只有中国才有字幕组，有国外学者发现最早的字幕组发端于美国。在互联网技术的加持下，有中国人翻译美国作品的、日本人翻译韩国作品的、越南人翻译中国作品的……各个国家都有相应的字幕组，其既有相似之处，又有些许不同。相同的是，字幕组的分工大致是一样的，基本上包括了翻译、校对、时间轴、内嵌、压片等方面。绝大多数的字幕组不以营利为目的，其成员纯粹出于自己的爱好承担这项"工作"，或者说他们从事的是一种"非谋利的在线协作的弹性劳动"。不同的是，各个国家的字幕组所面对的传播生态、法律环境、人群结构不尽相同。比如，在中国，字幕组

---

① 风君. 网络新新词典 [M]. 北京：新世界出版社，2012：89. 略有改动。

的生存环境是所谓的"灰色地带",从法律角度上讲,这些以共同兴趣为纽带的组织及其活动还存在着一定的争议。

那么,字幕组为什么要"固执己见"而且能"愈演愈烈"?单单的兴趣爱好是无法解释这个"复杂行为"的。复旦大学中文系教授严锋将字幕组翻译西方影视作品定义为历史上第四次对中国文化产生重大影响的翻译活动,前三次分别是古代玄奘、鸠摩罗什等对印度佛经文献资料的翻译;近代以严复、林纾为代表的对西方文化的引入;改革开放以后,三联书店、上海译文等出版社对西方现代人文社科著作的系统翻译。

21世纪以来,随着互联网的普及,大量来自国外的影视剧、纪录片、网络公开课、脱口秀等(包括非主流、小语种、小众的内容,几乎涉及世界范围内所有优秀的影视资源),被字幕组翻译加工后在网上传播;而有权引进海外影视节目的机构,引进的数量不够多,引进速度通常非常慢,涉及相关的审批手续也非常繁杂。与此同时,官方的翻译往往会对一些文化符号进行规避和调整,而民间字幕组的语言输出更有灵气和喜感,符合日常生活中人们的文化惯例。互联网技术带来传输便利的同时,也催生了"长尾理论"(The Long Tail Theory)、"利基媒体"(Niche Media)等新理念,使人们的审美趣味趋向分众化和小众化,这些都为国内字幕组的发展提供了肥沃的土壤。

从成员结构上看,字幕组成员基本可以分成两个部分:学生群体和各类业余翻译者。以中国的字幕组为例,学生群体主要集中在在校大学生和海外留学生;业余翻译者中则不乏医生、律师、企业高管等精英人士。当然,因为没有固定的工作条件和硬性的工作要求约束,参与字幕组活动的人员也可以走走停停、进进出出,而真正沉淀下来的便成为某个字幕组的核心成员与灵魂人物。另外,字幕组成员之间的联系绝大多数是通过现代网络通信软件进行的，因此字幕组不需要固定的场地，成员之间也不须谋面，相互之间以网名称呼对方，他们之间的关系是一种高阶形态的"网友"关系。

尽管是一起合作的"网友"，但是字幕组的工作流程与工作要求是明确的：招募成员要经过考核、翻译的流程有板有眼、不得擅自上传片源或字幕、未经"高管"允许不得接受任何采访……由此可见，这是一种结构松散而成员间彼此认同的在线组织，是一个个基于"趣缘"的网络社群，是一个个隐形的亚文化部落。

跨文化，怎么跨？

"跨文化"是字幕组文化的首打标签，从学理上讲，字幕组成员就是典型的"不只依赖自己的代码、习惯、观念和行为方式，而是也经历和了解对方的代码、习惯、观念和行为方式的所有关系"[①]的人员。所谓的"自己的代码、习惯、观念和行为方式"即观看国产片的"代码、习惯、观念和行为方式"，而"对方"即译制片所在国，对应的"习惯、观念和行为"就是观看外国影片的"习惯、观念和行为"。很清楚地可以发现，观看国产片和外国片唯一的不同就是"代码"未被"延续"，字幕组就是从事着将"对方代码"翻译成"己方代码"的工作。从文化学理论上看，字幕组译制作品、观众观看作品都是出于"对于某一特定文化的归属和接纳"[②]，观众的观看欲望和字幕组的译制行为带有特定的指向性。因此，字幕组与跨文

---

① 李肃. 文化的创新机制 洛特曼文化符号学的视角 [M]. 北京：外语教学与研究出版社，2008：135.

② 辽宁大学亚洲研究中心. 亚洲问题研究论丛：第一卷 [M]. 沈阳：辽宁大学出版社，2005：127.

化交往互动有着千丝万缕的联系。

以国内的字幕组为例,其工作实际上是对国外语言的"汉化",刘禾在《跨语际实践》中将"汉化/翻译"定义为"将一种文化的客方语言翻译成另一种文化的主方语言。研究跨语际实践（translingual practice）就是考察新的词语、意义、话语以及表述的模式,由于或尽管主方语言与客方语言的接触/冲突而在主方语言中兴起、流通并获得合法性的过程"①。因此,看起来是字幕组的翻译,其实背后是文化/语言之间的交往、冲突与协商。字幕组对某些意义的译介、推介,使得文化间的交流以更多元的方式实现。

一般来讲,研究字幕组的学者、对字幕组感兴趣的记者都会从跨文化的视角来解读这一"新兴跨文化组织"。《中国译制电影史》的作者谭慧指出:"网络字幕组的涌现满足了我国网民对同步观看海外影视资源的需求。"② 这就意味着,在字幕组的推动下,"跨文化"之"跨"并不会像过去那么困难,字幕组成员甘愿冒险成为文化产品的"偷渡蛇头",满足观众观看的"偷渡"需求。用"偷渡蛇头"形容字幕组也许很难得到字幕组成员的认可,但从传播过程与实际效果的角度来看,这个比喻似乎是恰切的。"蛇头"的概念虽然不好听,但是要做"蛇头"必须通晓两国甚至多国的文化,还要有"门路",有"胆量",然后才能带领一群人绕过监管抵达"彼岸"。因此,字幕组的活动不完全像《纽约时报》曾经称呼的那样儒雅——"互联网翻译家",也不完全像《三联生活周刊》说的"距离不再是问题,语言不再是差距,国别不再是门槛,异国文化悄无声息地围绕在身边"③,它恰恰是某些具备跨文化沟通能力的

---

① 刘禾. 跨语际实践 [M]. 北京：生活·读书·新知三联书店，2010：9.
② 谭慧. 中国译制电影史 [M]. 北京：中国电影出版社，2014：126.
③ 陈深. 从译制片到字幕组 [J]. 瞭望东方周刊，2008 (47)：68-71.

人,在人生的特定阶段,利用知识和能力,结合当下传播条件,实现自己价值的某种在线群体劳动。这种劳动不一定带来经济价值,甚至可能有违法律规制,但是它实现了参与者对自己的认可,也带来了文化间交流的意外收获。

字幕组文化还是一种基于互联网的社群性文化,它属于一种进阶版本的跨文化交流行为。互联网重新调配了全球的文化资源与译介力量,使得跨文化交流的行为变得更加容易,因此当前字幕组研究往往都会注意互联网全球化带来的"区域化""本土化""去中心化"等新问题。从美洲到欧洲再到亚洲,在任何一个现代工业社会中,字幕组都以隐秘或半公开的形式存在于以网络为载体的数字空间中。目前国外已经有部分学者对字幕组进行了理论上的研究,比如麻省理工学院的文化研究学者肖恩·雷昂纳德(Sean Leonard)研究日本动漫作品在美国动漫迷中间的传播,他在论文《抗法的前行:解答文化全球化的动漫与粉都》[1] 中以美国国内的字幕组作为切入中心,对经济全球化背景下不同文化空间中出现的与官方文化秩序相对的"文化暗流"进行了考察。意大利的卢卡·巴拉通过对意大利国内翻译美剧的民间字幕组的研究,探讨了网络字幕制作这一非官方的文化行为如何被地域化。从目前的国际研究现状来看,北美学者关注的研究对象主要是翻译和发布日本动漫作品的动画字幕组,而欧洲学者则把视角放在外来影视作品,尤其是美国电影电视剧的本土化方面。

国内关于字幕组的研究始于 21 世纪初,主要是以跨文化的视角,从翻译学、语言学和互联网时代的大众文化等角度进行分析。近年来,也从有关数字劳动、数字版权、中国文化走

---

[1] Sean Leonard. Progress against the law: Anime and fandom, with the key to the globalization of culture[J]. *International Journal of Cultural Studies*,2005,8(3): 281-305.

出去的新路径等方面,对字幕组给予了关注。总的来看,国内的研究更多地从现象出发,对相关问题做了文化与跨文化、社会与法律等方面的探讨,但似乎缺乏从更有想象力的角度勘定字幕组对中国文化和互联网文化的贡献。

技术赋权:公开的"偷渡"

在与字幕组相关的日常活动中,跨文化不仅仅是一种对文化身份、特征、行为的跨越,而且成为一种日常习惯。前互联网时代,文化间的交流主要依托政府行为和媒体行为,如国家文化部门组织的国际活动、媒体之间的作品交换交易机制等。把跨文化水平从1.0提高到2.0的关键,是以互联网为代表的新技术。但是,我们也千万不要忽略前互联网时代,前辈粉丝们为了追剧、追番而做出的努力。

根据肖恩·雷昂纳德对美国字幕组的回溯,大约在20世纪60年代初,一批在日本读书的美国青年或是驻扎在日本的青年美军,率先接触到了日本漫画书。为了突破语言的限制,在当时的日漫迷中,有人开始自学日语。"二战"后的日本动漫文化开始在美国年轻人中流行。

1975年年底,索尼公司(Sony)的Betamax录像机开始在美国销售,这个今天的年轻人已经不知道的玩意儿,在当年可谓"神器"——在Betamax诞生之前,录像技术大多应用在电视、电影等工业领域,是极少数人才能玩得起的高级玩具。作为第一个获得商业性成功的家用录像带品牌,Betamax把遥不可及的录像带送到寻常百姓家。因为Betamax,人类得以从电视机构的强大控制力下解放出来——民众可以用录像带录下节目,正如当年Betamax的广告说的"Watch whatever whenever"(想看啥,就看啥;想啥时候看,就啥时候看)。

技术革命带来了文化的变革，伴随着 Betamax 的上市，人们已经从被动的影像接受者，变成了主动选择者、生产者——这一切就像是一场没有硝烟的革命，它关乎权力，关乎自由，录像带让节目交换成为可能。1976 年，一个叫 Fred Patten 的人在洛杉矶创办了美国历史上第一个日本动漫迷俱乐部"洛杉矶科幻小说社团"（Los Angeles Science Fiction Society，LASFS）。这个俱乐部在各种活动中，经常用录像带播映由在美国的日本社区电视台制作的带有英语字幕的日本动漫。然而，还有人不满足，这些人是日漫的死忠粉，他们不满足于上述社区电视台提供的节目。于是在 1977 年另一批粉丝成立了一个名为"卡通/梦幻组织"（Cartoon/Fantasy Organization，C/FO）的社团，成员以类似笔友通信的方式，与远在日本的美剧迷交换录像带，美国人用《星际迷航》（Star Trek）和《太空堡垒》（Battlestar Galactica）等片子的录像带换到了日本动漫，双方各取所需。很快，这样的民间组织在纽约、费城、波士顿等城市纷纷出现。

需要指出的是，当时的日本动漫制作机构，并未将美国纳入其目标市场范围。1978 年，日本东映动画株式会社（Toei Animation）在好莱坞开设了办事处，他们关注到了录像带跨越大洋的交流行为，也流露出颇为复杂的心情，一方面东映动画不希望自己的产品被大量地无授权使用，但是他们也清楚，粉丝的非营利传播行为在客观上帮助东映动画的作品在美国被更多人所知晓。

20 世纪 80—90 年代，粉丝和社团的活动继续升级。伴随着动漫节目的增多，开始有粉丝制作小册子并用英语介绍日本动漫中的主要情节与文化背景，进而有人开始将日本出版的介绍动漫的杂志翻译成英语，这可能算是最早的粉丝翻译作品的活动了。接下来，在诸如麻省理工学院（MIT）这样的大学里，日本动漫社风起云涌，而前面提到的"卡通/梦幻组织"成为全国性的组织，依靠邮寄录像带组成了前互联网时代的粉丝网络（Fans Networks）。

根据肖恩·雷昂纳德的考证，在美国，真正意义上的字幕组出现在 1989 年。当时，康懋达公司（Commodore）的 Amiga 个人电脑和苹果公司（Apple）的 Macintosh 个人电脑已经面世，同时出现了一种叫作 Genlock（generator locking device）的设备，这种设备可以实现画面信号和字幕信号的同步输出。通过把两台录像机、个人电脑、电视机与 Genlock 连接，第一台录像机里面的节目内容与计算机制作的字幕，可以完美地录制到第二台录像机里面的空白录像带中。

如上一套设备的配置在当年大约需要 4 000 美元，这是一个不菲的价格，要知道 1985 年美国人年收入的中位数才勉强超过 11 000 美元。但是大量的字幕组成员乐此不疲，他们购置设备、寻找片源、制作字幕，然后翻录到新的录像带上，在粉丝之间互相交换。到了 20 世纪 90 年代中期，在互联网时代即将开启之际，通过这套设备制作的字幕，其声画同步的水平和字幕内容的准确性，日臻完美。

故事还没说完，技术变化带来了制度问题。Betamax 录像机进入美国市场后，次年索尼公司就被环球影业（Universal Studio）告上了加州中区联邦地区法院，理由是"侵犯版权"。因为 Betamax 既可通过电视机录制正在被观看的节目，也可以在观众观看一个频道时录制另一个频道的节目，还可以通过定时器在观众不在家时自动按预先设定的时间对某一指定频道的节目进行录制。此外，Betamax 还有"暂停"和"快进"功能，观众在边观看边录制时可以通过按下暂停键避免将广告录进去，在播放录像带时可以通过按下快进键跳过广告。

加州中区法院判决认为，家用 Betamax 不构成版权侵权，发明这项技术的索尼公司亦不必为个体消费者的行为负责。不服判决的环球影业上诉至美国联邦第九巡回上诉法院，巡回上诉法院给出了与加州中区法院截然相反的判决。案件持续数年，最终上诉至美国联邦最高法院，美国联邦最高法院最终以5∶4的投票结果判决索尼公司侵权行为不成立，也给出了"实质性非侵权用途"（Substantial Non-Infringing Use）标准，确立了后来数字时代版权法领域的一个重要原则。

在中国，由于当年物质生活水平的局限，国人几乎没有经历过美国动漫粉丝的录像带字幕组时代。中国人最早遇到字幕组，可能源于20世纪八九十年代的LD（Laser Disc，激光光盘）时代。LD在中国流行的时间并不长，但是LD播放机有一个可以接驳字幕机的功能，而字幕机就是为LD提供字幕的（所谓的CC码，Closed Caption，隐藏字幕）。因为欧美影视剧一般不带字幕，所以CC码主要是为听障人士准备的听障字幕（Subtitles for Hearing Impaired Person）。最早把LD引入大中华地区的港台地区商家，发现中文用户在观看欧美影片时有强烈的中文字幕需求，所以想到了用CC码显示中文，并开始生产LD专用字幕机，同时雇佣翻译人员专门为欧美影片提供中文字幕（主要是繁体中文）。在20世纪90年代末的广州等地，有这样的"地下"翻译公司，一人一台电视机连着LD播放器，同时人手一台电脑，播一段听一段译一段，然后在电脑上打出字幕，再通过特殊的设备把字幕文件写入"字幕盒"。字幕盒有点像游戏机用的卡带，把字幕盒插入字幕机，各种外语的LD就完成了中文转化。

进入互联网时代以来，伴随着网络传输能力、内容视频采集和分发技术、字幕软件等各方面的不断提升，字幕组的生产方式与过去时代在录像带上敲字幕的方式不可同日而语，下载、分发、沟通、翻译、发布等诸多环节都在线上进行，互联网成为字幕组的聚集地、沟通桥梁与活动空间。从中国人接触字幕组的历程来看，字幕组是与互联网的发展绑定在一起的，中国人熟悉的字幕组没有"史前史"，正如一篇文章里面定义的，"字幕组，这一基于宽带网络普及以及计算机技术提升的自发形成的潜在社会组织，简单来说就是指自发将国外视频配上本国字幕的爱好者团体"[①]。

技术让字幕组的活动更加"去物质化"。不同于当年的录像带传播与俱乐部式的社团观影，今天的字幕组寄居于互联网的虚拟世界，组成自己的"虚拟社群"（比如贴吧、论坛、qq群、微信群等），身份隐藏更加明显，分工更加细致明确。从内部机制方面观察，互联网的确进一步完善了字幕组工作流程。有人就字幕组的生产机制做过详细的描述：网络字幕组的一般工作流程是这样的：在一个译制组内，小组成员根据工作分工的不同而被分成具体的组别，不同组别间基本都是以实时通信工具以及以论坛为工具进行交流。总体上的安排是，总监分发任务，翻译人员分头工作，最终校对及上传字幕，基本上是流水线作业。他们的翻译质量虽然不一定能与资本雄厚、人员专业素质较高、制作周期较长、追求质量的专业影视译制机构相比，但是字幕组往往能够在第一时间发布字幕抢第一批观众。[②] 因此，技术决定了速度，一定程度上消除了传统上跨文化跨传播内容的迟滞，而参与者的语言能力、工作激情与技术互相加持。

20多年前，一集45分钟的"生肉"（指未经字幕组加工的作品），为其翻译和添加字幕的时间周期可能要几周，而今人手充足的字幕组最快一两个小时便能完成。在字幕组译制的

---

① 谈洁. 中国字幕组发展状况与影视业中的礼物经济 [M] // 厉震林, 胡雪桦. 电影研究2. 北京: 中国电影出版社, 2015: 133.

② 王臻. 字幕达人的三个标签 [J]. 计算机世界, 2010 (17): 14.

过程中,字幕制作的一般技术流程如下:片源获取—听译与校对—添加特效—做"时间轴"—计时与内嵌—后期与压制—发布与监督等。他们与新闻从业者一样,开始用"时效"来抢夺受众群,他们不仅要追求"片源好""翻译准",还崇尚"更新快"。曾有人以一部美剧的制作过程为例,展示当下字幕组制作的迅速:

某日9:15在美国境内播放完,获得片源。

9:30时间轴组调轴完成。

11:30翻译字幕完成(通常有4—5名翻译,每人翻译100—150句)。

14:30校对字幕完成。

15:30压制完成,线上发布。

某些热门剧集和新兴传播内容,如果按照原来影视机构购买版权的流程,则必须要等到该部剧集播送结束后方可联系国外版权方讨论购买事宜,这个过程短则十天半个月,长则半年至数年,因此基于网络的字幕组的出现,满足了很多网民及时追剧、实时欣赏域外作品的需求。

综上,以互联网为代表的数字技术压缩了时间和空间,汇聚了文化资源和翻译资源,连接了供给侧与需求侧,实现了文化间的民间交流抑或是"偷渡"。而在这个过程中,技术带来了文化与社会、制度等诸方面的碰撞,我们将在后面对此做进一步探讨。

趣味相投:认同、遗忘、拾取

"趣缘"是字幕组"灵魂深处"的隐性标签。字幕组是一个无组织的组织力量,这是一个带有显著"趣缘"性质的团体。"趣缘"的概念是对"血缘""地缘""学缘"观念的延伸。2012年,中国人民大学的雷蔚真教授就将"趣缘"的标签贴在了字幕组身上,他是这么形容这一网络迷群的:"所谓'人以群分,物以类聚',任何群体的形成都是基于某种身份认同。网络迷群在身份认同上,既有传统群体的共性,同时又有网络虚拟环境下聚集带来的特殊性,而这种特殊性通过作用于迷群的行为,加深了迷群身份的自我确认,起到一种制度性淘汰的作用。"① 从雷蔚真的表述中可以看到,字幕组这类迷群组织是过去"地缘""学缘"的延伸,也存在新的"缘维系机制",即自由来去、流动性大的特征。但不变的原则便是,有相同译制国外影视作品趣味的人,即可聚集在一起,一起分享译制作品的快乐。

对于那些思想过于传统的人来讲,光凭兴趣组织起来的群体都是组织散乱、行动懈怠、做事难以成气候的,但是字幕组群体并不是这样。也正是因为这些人对字幕组群体的误解,给字幕组成员带来了思想上的困扰。在当前利益驱使的商品化社会,单一兴趣组建的趣缘组织会被看作"奇葩"和"不可思议"。的确,研究者雍容在一篇题为《窃火的新普罗米修斯——致敬中国字幕组》的文章当中就提到过一个现实生活中的对比,体现出趣缘组织在当下大社会环境下遭到的诸多"误解"与"不适应",这个对比是这样的:

> 前几天,大家在讨论时下译文质量之低劣。有人举证说,如今千字翻译报酬不够机场一碗面,所以自

---

① 雷蔚真. 网络迷群与跨国传播:基于字幕组现象的研究[M]. 北京:中国传媒大学出版社,2012:23.

己再也不做。如他这样的译者不屑做，严肃的翻译工作自然就纷纷"外包"，牵头者连审阅校正都懒得做，难怪昆仑、凯申的笑话层出不穷了。反正我购书时对新译本都要格外谨慎，一见是"合作翻译"就赶紧捏着鼻子绕道走。这几乎已经成为爱书者的共识。

到底是报酬低导致译文质量低劣，还是译文质量低劣报酬只配这么低，似乎是"鸡生蛋还是蛋生鸡"的无解难题。但有一位朋友说得好："我觉得对文学没爱才导致译文质量下降。网上有些作家的拥趸义务翻译自己喜欢的作品，超过不少印出来的。为求名而干的活计还有可能出精品，为利而干的不太可能，因为付钱的总是外行。"另一位朋友说得也好："嫌钱少你可以不干，也许另有人不觉得少的，如果大家都嫌少而不干，自然报酬会提高。最不道德的就是钱少也先揽下来，然后用偷工减料的方式找补。"

此系一事。

另一桩是听到一位字幕组的成员诉苦：为何有人抵死不信字幕组就是由一群分文不取、倒贴时间精力、吃力不见得讨好的"白痴"组成，还讽嘲他被人当作免费劳动力利用。他说：难道"无偿"二字如今真的那么让人难以理解？或者这个社会一定要功利才叫正常？

两桩事情合起来看，就知道我们的社会观念有多么混乱和畸形：一面以报酬低为借口来抹杀职业道德，一面又否定不计名利的奉献。幸好那么多人都明白他们的价值。①

对于字幕组成员来说,他们的根本动力不在于金钱利益,而是兴趣。通过那份热爱来寻找自身的情感和欢愉,哪怕付出多余的精力和时间。有学者曾经提到,字幕组是一个"自发地组成一个劳动的联合,大家自己决定自己要获得什么性质的报酬,获得多少报酬。而且这种报酬的象征意义大于实际意义,它所承载的更多是这个共同体本身对个人的努力、智慧和才情的肯定与承认"②。他们沉浸在翻译的欢愉中,一时难以跳离"翻译的乐趣"与"偷渡的快感"。美国著名的电视剧 *Law & Order* (中文翻译为《法律与秩序》)从1990年开播直到2010年结束,共20季456集。恰好在2010年前后,中国的网络字幕组开始完整翻译这部鸿篇巨制。这是一部很难翻译的作品,因为每一集中的对话多达900多句(普通的电视剧作品每集只有300多句),而且有很多晦涩难懂的法律专业术语和长难句。字幕组在攻克专业难题的同时列出了诸多与内容相联系的法律条例、案例、规范供观众对照。用雍容的话来说,字幕组就是"新时代的普罗米修斯"。

网络字幕组的成员基本上都是业余的,并不将翻译字幕作为自己的谋生手段,甚至也不会把翻译字幕看作一份工作。日常工作是出于生产和生活的压力,而翻译影片与网上传播往往是出于兴趣和爱好。从雍容的话中可以看出,人们对这个群体的行为存在很大的误解,因为传统的市民生活往往都是基于地缘、亲缘的关系网络,而非"趣缘"网络。虽然字幕组招募成

---

① 雍容. 窃火的新普罗米修斯——致敬中国字幕组[M]//《文汇报》笔会. 枪挑紫金冠. 上海:文汇出版社,2013:176-177. 略有改动。

② 转引自胡凌. 探寻网络法的政治经济起源[M]. 上海:上海财经大学出版社,2016:77.

员也像日常生活中企业招工一样，在网上发布"招聘"信息，但是"招聘"者和"应聘"者却不是常见的雇佣关系。

从趣缘群体再往深处阐释，我们发现"主动遗忘"和"被动拾取"是字幕组区别于网络博主、播主等其他 UGC（用户生产内容）群体的外部特征。"主动遗忘"意味着字幕组及其成员不希望自己的具体身份被网友挖出来，他们用匿名、换昵称、换社区等方式主动躲避那群想要寻找他们的人（包括观众、作品版权拥有者、大型影视公司、媒体等）。

字幕组的"主动遗忘"可以理解为他们不爱"出风头"和不愿"亮身份"，他们更希望自己能够淹没在茫茫人海中而不被发现，而这也是因为字幕组的活动与现行的著作权制度有龃龉之处。由此可以发现，字幕组在添置相关字幕的时候，会使用不暴露身份的"组名"或"匿名"，哪怕是一个人承担整部影片的翻译，基本也不会暴露自己的真实姓名。如果一个人使用了自己的真实姓名并挂在影片"片头"，他在字幕组族群中会被"鄙视"为"画（话）风清奇"。由这个角度看，字幕组的行为是带有"隐蔽属性"的。

字幕组的"被动拾取"主要体现在其与外界网民的关系上。某些网民需要观看海外的影视内容，字幕组是他们获取影片资源的重要甚至唯一渠道。然而除非同为字幕组成员，字幕组对于外界网民的态度并不热情。外界网民要相关资源时，字幕组往往是这个态度："喏，在这里，你要你拿去。"这就是所谓的"被动拾取"。如前所述，法律上的模糊地带与身份上的"主动遗忘"，决定了字幕组的内容是被外界网民"拾取"的。当海外新的剧集出现，网民需要他们的时候，他们会默默地在那里。

笔者在访谈中发现，尽管字幕组潜藏在一些"边边角角"的网络地带，但是依旧有很多影视爱好者"深挖"和"追踪"

他们。深挖和追踪的背后，反映的是中国巨大的网络影视消费市场和相对短缺的影视内容供给现状。2000年以来互联网用户突飞猛进，网速不断提升，网费与移动终端价格不断下降，截至2020年年初，中国的网民规模已经达到9.04亿人①。网民中有一部分是美剧、韩剧、日剧等的忠实粉丝，他们对字幕组搬运一些未在国内放映的作品有极强的渴求。从这个意义上说，字幕组的活动已经溢出了自娱自乐的小圈子，而带有某种社会"需求—供给"层面的意义了。

"诸神"字幕组2020年2月于微博发布的字幕组招聘要求

据调查，很大一部分字幕组成员都是负笈海外的中国学子，他们既能接触到所在国家的影视作品，同时又具备较高的翻译能力。在此基础上，他们对剧集体现出来的历史、制度、文化背景进行相互探讨、交流，对疑难语句的翻译可以说达到极为"精准"的程度。"宅、狂热、分享"是字幕组成员的共

---

① 数据来源：中国互联网信息中心.第45次《中国互联网络发展状况统计报告》.2020：19.

同标签①，而"免费、共享、交流、学习"则是字幕组的精神和宗旨②。

早期的字幕组基本上是围绕一个或者几个核心成员组建而成。时至今日，互联网上大的字幕组可以拥有成千上万的成员，而中小型字幕组也有上百人，每个字幕组内根据不同的关注内容还可分为多个"翻译小组"。如果没有网络作为依托，字幕组就像是校园内的一个兴趣活动小组一样，并不会有太大的影响力，但互联网改变了组织成员之间的联合方式与字幕制作的工作模式，实现了多人在线工作的"聚沙成塔"。后文会介绍，笔者的一位学生通过深度介入日文字幕组"伦敦之心"的工作，对该字幕组进行了全面的考察。在这个关注日本影视节目的字幕组中，100多位活跃的成员几乎从未谋面，他们以qq、FTP、邮件组、云存储等方式，完成从获取片源、传输文件、翻译校对字幕、调整时间轴到压制发布等一系列环节。在这里，每个人都利用自己的业余时间负责一小块工作，现实空间与网络空间、影视资源与个人贡献等都被先碎片化再重新整合。那么，这一群没有组织实体的人，究竟基于怎样的动机去完成自主、高效、无偿的工作呢？

在笔者对多位字幕组资深成员的访谈中，"满足感"是他们经常提到的一个关键词。不同于传统译制片在片尾滚动译制人员名单，字幕组习惯于将译制人员的名字放在片子的最前面，而且这些名字都是网名或昵称。他们说，当你的网名出现在片子开头，翻译的神来之笔出现在论坛中被别人讨论时，当你从字幕组"菜鸟"进阶为"大神"时，你都会体味到日常生活中鲜有的满足感。

---

① 王臻. 字幕达人的三个标签 [J]. 计算机世界，2010 (17)：14.
② 谭慧. 中国译制电影史 [M]. 北京：中国电影出版社，2014：126.

无论是"情投意合"还是"臭味相投",字幕组创造了一个不以地缘、血缘、人缘为界限的群体认同方式。"趣缘"即以兴趣爱好为依归,彼此有相同的兴趣爱好、审美趣味、价值观念等。值得注意的是,"趣缘"模糊了工作和休闲的界限,字幕组翻译影视作品,既是一种业余休闲方式,又生产出了新的文本并广为流传,这些都挑战了传统影视剧的译制流程和工作模式,也体现了 prosumer(producer 与 consumer 的混合,生产消费者合一)式和 PUGC(professional user generated content,专业型用户生产的内容)式的互联网内容生产与传播。

> 因为耶和华在那里变乱天下人的言语，使众人分散在全地上，所以那城名叫巴别。
>
> ——《圣经·旧约·创世记》

前世今生：中国互联网字幕组小史

基督教《圣经》中"巴别塔"的故事大家都知道,根据《圣经》的记载,当时人类联合起来兴建希望能通往天堂的高塔。为了阻止人类的计划,上帝让人类说不同的语言,使人类相互之间不能沟通,计划因此失败,人类自此各散东西。有人说字幕组的存在就像建造另外一座巴别塔,字幕组就像把火送到人间的希腊神话中的普罗米修斯。

字幕组并不是中文世界的特殊产物,它在全世界广泛存在。中国的字幕组也是通过学习其他国家的技术才发展起来的。20世纪末至21世纪初,互联网有了质的飞跃,网友之间的交往、多媒体文件的传输等,都变得异常容易。由于各国各民族之间的语言不通,各国的影视剧迷、翻译爱好者、电脑极客等便聚集起来(有时一个人会具备上述几重身份),一起寻找各种"资源",编写在电脑上能自动加载字幕的软件,为字幕的制作提供了极大的便利。近20年来,美国、法国、中国、日本、意大利、德国、巴西、土耳其、智利、荷兰、俄罗斯等多个国家都出现过规模庞大、实力强劲的字幕组。字幕组的存在使得各种影视作品能够自由地跨越国界,完成了文化及其作品"公开的偷渡"。

从翻译的剧集和语种看,中国字幕组最主要聚焦于日韩和欧美两大影视作品门类的翻译。因此梳理这两类字幕组的发展历程,可以全面地了解中国字幕组的"前世今生"。

从"日漫"到"韩流":
日韩剧集字幕组发展简史

专门翻译日韩影视剧并在中文互联网世界传播的字幕组(简称"日韩字幕组")最早可以追溯到1998年。1998年7月6日,"HKG"字幕组诞生,该字幕组论坛的官方名称为"论坛—HKG动漫组",网址为http：//www.ani-comic.hk,代表作品有《绝对无敌雷神王》《苹果核战记》、《水星领航员》(第一季、第二季)等。

左图："HKG"动漫组的官方网站；右图："漫游"字幕组的作品交流社区

从"HKG"的网址也能看出，这是一个服务器在香港地区的字幕组。中国大陆（内地）最早的字幕组叫"行星"，专注于翻译日本动漫，2000年"行星"解散后，分流的人组成了"漫游"字幕组。① 当时的"漫游"只有区区五个人，而这五个人之中就有一位是知名时间轴软件POPSUB的发明者。"漫游"是中国互联网上首家由专业日语翻译主打的字幕组，彼时国内有高水平日语能力者不算多，更鲜有人会放弃高待遇就业机会把时间浪费在公益性质的动漫字幕组上，所以"漫游"成立伊始就以高质量的翻译水平引起日漫迷的关注。"漫游"早期的

---

① 谈洁.中国字幕组发展状况与影视业中的礼物经济[M]//厉震林,胡雪桦.电影研究2.北京：中国电影出版社,2015：134.

代表翻译作品有《星界的战旗Ⅱ》《HUNTERXHUNTER OVA》《后机动战士高达 SEED》等，其开设的"漫游"酷论坛至今存在。

紧接着，在"漫游"字幕组成立一个星期后，"动漫花园"论坛诞生并逐渐发展成为另一个早期的知名字幕组。①围绕着《后机动战士高达 SEED》的翻译，"漫游"和"动漫花园"还有过一次 PK，"漫游"的一位大神译者，凭一己之力听写并翻译完成了当时少见的日语中文双语字幕，以令人信服的质量和效率在国内动漫爱好者中赢得了极高口碑，从此名声大振。

早期翻译日剧的字幕组获得的原始视频大多由日本的动漫爱好者录制后发布到网络上，国内的日本动漫爱好者下载后制作中文字幕，然后在论坛发布，与其他网友一起分享交流。在中国学习英语的人比学日语的多，所以有些日剧迷因为不懂日文，只能从日本动漫的英语字幕版本入手。就这样，网络上逐渐出现了有中文字幕的最新日本动漫作品，这也让网友意识到，字幕组论坛是能最快欣赏到日本动漫的地方。之后，不少原先讨论日本动漫的论坛，也成立了自己的字幕翻译小组。再往后，由于大量国外影视作品经由互联网涌入，国内对域外影视剧的引进和翻译与之出现了巨大的落差，因此更多志同道合的爱好者们自发地组成了制作字幕的兴趣小组。最初的字幕制作大多是"一条龙"，从翻译到时间轴制作往往由一个人完成。随着组织规模的扩大，同时也为了分担工作量，就有人专门负责从国外网站下载片源，有人专门制作时间轴，中文互联网上的字幕组基本形成。正如商业互联网发展到一定阶段必然出现门户网站一样，为了便

---

① 资料来源：对漫游字幕组创始人之一晶晶的访谈．乌托邦里也有快乐[N]．南方周末，2011-11-17．

于寻找字幕和比较翻译制作质量，还出现了整合字幕组资源的专门论坛。这些论坛不但有最具时效性的更新，而且用户可以根据自身喜好，对同一作品的不同字幕组译制进行比较选择，有的论坛甚至集合了上百个字幕组的资源，如"漫猫动漫"论坛。

共有 576 条记录

字幕组 / 发布组 一览

漫游字幕组	异域字幕组	澄空学园	恶魔岛字幕组
华盟字幕社	Leopard-Raws	白恋字幕组	轻之国度字幕组
TSDM字幕组	雪飘工作室	枫雪动漫	幻樱字幕组
极影字幕社	千夏字幕组	SOSG字幕团	豌豆字幕组
悠哈C9字幕社	ACT-SUB	极速字幕工作室	动漫FANS字幕组
天の字幕组	光荣字幕组	W-zone字幕组	A.I.R.nesSub
SGS曙光社字幕组	生徒会字幕组	旋风字幕组	DA同音爱漫字幕组
动漫花园	紫音字幕组	小行字幕组	铃风字幕组
HKG字幕组	名侦探柯南事务所	神奇字幕组	萌物百科字幕组
漫猫字幕组	天香字幕社	梦幻恋樱字幕组	漫盟之影字幕组
CHAT RUMBLE	动漫之家	琵琶行字幕组	囧夏发布组
动漫国字幕组	微笑字幕组	摇篮字幕组	Sakura Cafe
RH字幕组	月光恋曲字幕组	KNA字幕组	夏砂字幕组

漫猫动漫 BT 集合了 576 个日漫字幕组的资源

伴随着"韩流"的出现，韩国文化也出现了对华传播的新浪潮，在这个过程中韩语字幕组功不可没。2001 年，"凤凰天使"韩剧社成立，主要提供的是韩剧中文字幕，你看过的韩剧大部分字幕很可能都是由这个字幕组提供的。此后"YYCAF""韩剧热线"等韩语字幕组也先后出现。

"凤凰天使"论坛首页截图

同样在 2001 年前后,"APTX4869"字幕组(又被称作"事务所"字幕组)成立,该字幕组因为提供了《名侦探柯南》的中文字幕而走红,其论坛至今依旧存在并持续更新。

2002 年年初,日本动漫字幕组在国内互联网上初具影响和规模,制作字幕的速度和质量都有了很大提高,更多的有影响力的动漫字幕组不断涌现,

APTX4869 字幕组论坛

比如"KTKJ""DMHY""POPGO""A9""V9""KTXP""C2"等。这些字幕组拥有几十人的核心成员,大部分由学生组成,其中高中生和大学生最多,而这些能在外语和中文之

前世今生:中国互联网字幕组小史 / 29

间自如穿梭的成员除来自内地（大陆）和港台地区外，还来自日本、美国、加拿大等国。围绕着日本动漫，形成了一个跨国字幕圈。①2002年8月，"星光"字幕组成立，该字幕组也专业翻译《名侦探柯南》动漫。同年，"极影"字幕社出现，其代表作品有《花牌情缘》《食戟之灵》《刀剑神域》等。

2003年3月，"枫雪"动漫字幕组成立，代表作为《海贼王》，论坛为"枫雪动漫"（OPFans）；2004年，"猪猪日剧"（SUBPIG）字幕组成立，其最为经典的译制作品有《大奥》《放射诊疗室》等。

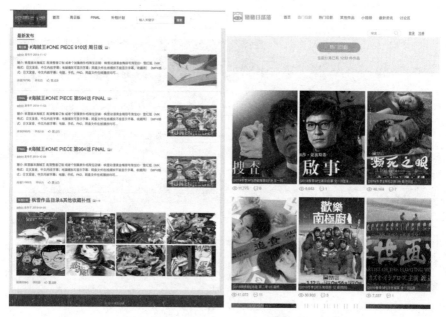

左图：OPFans网站；右图：SUBPIG字幕组网站

① 网文.关于人人影视字幕组的一点历史介绍［EB/OL］.http：//wenku.baidu.com/link?url＝QO0d-kEKCFPQF-KyzbuQozICXn_DQ1MS26X7VE6dyX6PIUSR24nJb3Nsmd2ZZuKL8IKODMahFO4VJk7Of66Dt6SURU0sCy97_SU3r3Fuyji.

2005年是字幕组发展的大年,相继有"神奇""澄空学园""DYMY"等知名字幕组诞生。"神奇"字幕组和"星光"字幕组、"APTX4869"字幕组一样,都是以制作《名侦探柯南》而闻名,区别于"星光"和"APTX4869"的是,"神奇"字幕组并不只译制《名侦探柯南》,其还因翻译《KERORO军曹》《宠物小精灵》等动漫的中文字幕而被日漫迷熟知。"澄空学园"的代表作有 gift、KANON、《心跳回忆~Only Love~》、Lovely Idol 等。"DYMY"翻译影片的种类最为独特,主要翻译热血类、运动类、冷门系的动画,且以字幕发布速度快、成品质量高闻名,代表作品有《家庭教师》《妖精的尾巴》《蓝色驱魔师》《棒球大联盟》等。该字幕组在网站上的名称为"DYMY动音漫影",网站地址是 https://bbs.dymy.org。

澄空学园字幕组论坛网站

2006年,"小猪快跑猪猪"字幕组从"猪猪乐园"中分离出来,代表作品有《火影忍者》《死神》《海贼王》《名侦探柯南》《妖精的尾巴》等,从成立开始其一直在首发的片中加入广告。2006年12月24日,"WOLF"字幕组成立,代表作品有《圣斗士星矢 冥界篇后章》《死亡笔记》等。2007年,"幻樱砂之团"字幕组成立,其主要以翻译日剧为主,代表作品有《砂时计》《相棒》等。

2008年也是字幕组发展的大年份。当年2月29日,"诸神"字幕组成立,作品范围涵盖动漫、日剧和纪录片,作品从《FATE系列》《纯情罗曼史》《妖精的尾巴(Fairy Tail)》《灌篮高手(2013年重制版)》等,延伸到日本TBS纪录片、THE世界遗产、NHK纪录片等。同年4月,"极速"字幕工作室成立,主打长篇老牌动漫(比如《火影忍者》),以及每季的少量新番的作品,以繁体字幕见长。半年多后的11月22日,"旋风"字幕组成立,其代表作品有《死神》《火影忍者》《家庭教师》《高达独角兽》《高达AGE》《魔法禁书目录II》《银魂》《青之驱魔师》《滑头鬼之孙》等。2008年年底,"海吧鼠绘"汉化组成立,这是百度贴吧"海贼王吧"的"吧友"组成的字幕汉化小组,除《海贼王》之外,该字幕组后期还译制了《银魂》《妖精的尾巴》等知名漫画与动漫。2008年诞生的还有译制《黑子的篮球》和《一拳超人》的"幻樱"字幕组(http://www.hysub.net/)、翻译《我想吃掉你的胰脏》的"恶魔岛"字幕组等。

在日剧字幕组大规模扩张的2008年,韩剧字幕组也有所突进。这一年"韩迷"字幕组诞生,人们耳熟能详的韩剧《可疑的岳母》《太阳的季节》都是由该字幕组译制的。很多韩剧爱好者都会上网站http://www.hanmi520.com追韩剧。

韩迷字幕组论坛网站

2009年3月22日,"动漫国"字幕组上线,代表作品为《从零开始的异世界生活》《你遭难了吗?》。同年还有两个字幕组诞生,一个是"YYK山百合"字幕组(主攻"百合卡通",即女同性恋话题的动漫),另一个是"异域"字幕组,代表作品是《我的英雄学院》《食戟之灵》《钻石王牌》等。2010年2月,"萌月"字幕组成立,代表作品有《只有神知道的世界》《夏目友人帐》等。同年上线的还有"黑白映画"字幕社,其最具代表性的作品是《银魂》《世界第一的初恋》《狂热玛利亚》《命运石之门》《青之驱魔师》等。

2011年12月1日,"漫盟之影"字幕组(MMZY-SUB)成立,代表作品为《东京暗鸦》《金色时光》等。2012年6月,"树屋"字幕组成立,其原名为"遗失的世界"字幕组,因为其代表作品为《遗失的世界》。同年,"三角"日剧字幕组成立,代表作品为《恋爱症候群》《二丁目的福尔摩斯》等。

也在同一年,"ACI"中文字幕组开始专攻细分化的影片类型,它是当时大中华地区唯一专注于航空类题材的中文字幕组,比如《空中浩劫》《飞行员之眼》《迫降航班》等都是该字幕组译制的作品。ACI中文字幕组的社区网址是 http://forum.chineseaci.com。

ACI 中文字幕组社区网站

2015 年 1 月 8 日,"FIX 字幕侠"上线,该字幕组的经典作品有《下町火箭》《绝对零度》等。2017 年,"历史独角兽"字幕组成立,主打 NHK 大河剧(长篇历史电视连续剧)和美食纪录片。2018年前后,"幻想乐园"字幕组最先译制了韩国综艺《妻子的味道》《拜托了猫咪》。

幻想乐园字幕组论坛网站

随着"版权时代"的到来,越来越多的字幕组遭遇了生存困境。2019年年底,"海吧鼠绘"的创始人因转载盗版知名漫画被公安机关传唤。2020年4月该案经上海市奉贤区人民检察院公诉,在徐汇区人民法院知识产权法庭获判:当事人因犯侵犯著作权罪,被判处有期徒刑三年,缓刑三年,并处罚金人民币八万元。这既在某种程度上宣告"付费时代"的到来,也带来了是否"再无民间翻译"的疑问。

从"老友记"到"宇宙组":
欧美剧集字幕组发展简史

20世纪80年代前后,美剧从大洋彼岸传到中国,那时候的美剧还不叫美剧,它有一个极为官方的名字——"译制片"。那时候经典译制片的代表是《大西洋底来的人》和《加里森敢死队》等。其中《大西洋底来的人》是我国首次（1979年）引进的美国的影视作品。1980年《加里森敢死队》第一部播出，让国人第一次感受到美国影视剧带来的视觉震撼。

1990年，《成长的烦恼》引进中国，这部作品被视作真正意义上的美剧，它是由上海电视台引进、上海电视台译制部译制、上海本土配音员配音完成的。另外，1997年引进的《辛巴达历险记》和1999年引进的《失落的世界》分别是由美国的电视辛迪加（Syndicate）和全国广播公司（NBC）官方译制的。美剧奇幻、悬疑的剧情给20世纪90年代末的中国电视观众以很深的印象。

新世纪初，伴随着互联网的发展，1994年在美国上映的电视情景喜剧《老友记》在2002年的中国被网友重新翻译了出来，一大批《老友记》的爱好者聚集在一起，通过网络建立了中国最早的美剧论坛"F6"。从一定意义上讲，《老友记》是美剧字幕组的孵化器：F6论坛（后衍生出"F6"字幕组）就是因《老友记》而诞生。在F6字幕组的基础上，又分化出了"TLF"（The Last Fantasy，又被戏称为"吐鲁番"）、"伊甸园"、"YYeTs"（2007年改称"人人影视"）、"馨灵风软"（"破烂熊"的前身）、"悠悠鸟"、"圣城家园"、"飞鸟影苑"等后来非常知名的字幕组群体。

如前所述，在"F6"的基础上孵化出了一系列美剧字幕组，其中早期影响力最大、最有实力的，当属2002年7月成立的"TLF"（The Last Fantasy）字幕组。"TLF"成员的年龄结构复杂、学历层次完整，当年的成员覆盖了"60后""70后""80后"，学历层次也包含了从中学在读到博士毕业。2005年，经由多个字幕组的"搬运"，一部在中美同时上映的美剧《越狱》席卷中国大陆，形成了美剧的"越狱现象"。《越狱》中的男主角温特沃斯·米勒（Wentworth Miller）成为第一位因为网上走红而来中国"吸金"的美剧演员。

2008年是中文互联网上字幕组发展的大年份,这一年四大主流美剧字幕组格局开始形成,它们分别是"伊甸园""馨灵风软""破烂熊""人人影视"。"人人影视"参与了《绝望主妇》(2004)、《生活大爆炸》(2007)、《吸血鬼日记》(2009)、《行尸走肉》(2010)、《权力的游戏》(2011)、《名姝》(2017)、《致命女人》(2019)等著名剧集的译制工作,奠定了其"江湖地位"。"伊甸园"是除了"人人"以外,片源数量最多的字幕组。此外当时还有名气颇大的"擦枪"字幕组,主要译制了《行尸走肉》(2010)、《闪电侠》(2014)、《杀死伊芙》(2018)等。"圣城家园"不止拥有自己的字幕组,它更是集影视、游戏、电脑、音乐、文学、英语等资源于一体的综合论坛。

"人人影视"Windows版首页

"伊甸园"字幕组当年的作品列表

尽管中文互联网上的字幕组是从国外传来的，但是从全世界尤其是发展中国家范围看，中国字幕组起步较早、影响较大。字幕组在中国的发展历程一定程度上代表了当前世界文化交流沟通的另一种形态。"人人影视"曾经是中国翻译种类最广泛、提供影片字幕数量最多的字幕组，它的发展历程是中国字幕组演变的缩影。

2003年，"YYeTs"从"F6"字幕组中分化出来，那时候的"YYeTs"（源于"影音 English TV Shows"的首字母）还是中国互联网大潮下诞生的若干小规模字幕组之一。随着参与人数的不断增加，2006年6月1日"YYeTs"开设了自己的独立论坛。2007年"YYeTs"字幕组正式改名为"人人影视"字幕组（简称"人人"或"人人影视"），意在强调其宗旨"人人字幕组的工作是为了所有有需要的人，也希望每一位得到帮助的人能够支持人人字幕组"。那时该论坛就设有爱情片、科幻片、剧情片等十几个频道。

2009年11月，当时的广电总局发起过一轮盗版网站清理行动，关停整改了包括"伊甸园BT&字幕下载区"等在内的

111家非正规的视听节目服务网站。"人人影视"的网站服务器也在2010年8月被一度关停,不过随后通过网友捐款重新购买了网站服务器。在此之前,"人人影视"曾经公开提出转型,声称"将只做字幕,彻底放弃视频分享",同时继续翻译国外名校的公开课程。网站关停之后,"人人影视"将服务器搬到海外,并通过"捐助声明"公开向网友募捐筹款,重新购买技术设备。

到2014年"人人影视"已经发展成为中国规模最大、剧集最全、发展最迅速的字幕组,当时的注册会员已经超过28万人,翻译的影视剧种类覆盖电影、电视剧、纪录片、公开课等多领域,语言种类也从原来的以英语为主发展为英语、日语、汉语及各类小语种共存,因此也被粉丝戏称为"宇宙组"。木秀于林、树大招风,2014年10月,"人人影视"被美国电影协会(The Motion Picture Association of America)点名为盗版网站;11月20日,论坛再次被关站,这在一定程度上标志着中国字幕组的活动第一次面临直接的国际压力。2015年2月6日,YYeTs字幕组开设新论坛,名字为"人人美剧",转型为影视资讯社区,该社区与原来关闭的社区不同,它不发布片源,只提供视频链接和外挂字幕,试图规避版权侵权的风险。2015年6月9月,"人人美剧"又更名为"人人影视网站大全";2017年相继上线了PC、Android、Mac及iOS版客户端,不料好景不长,iOS端应用上线仅一个月就被迫下架,开发者账号也一起被封。

2021年是"人人影视"的谢幕之年。2月3日,上海公安局通报"人人影视字幕组"侵权案:自2018年起,犯罪嫌疑人梁某等人先后成立多家公司,在境内外分散架设、租用服务器,开发、运行、维护"人人影视字幕组"App及相关网站,在未经著作权人授权的情况下,通过境外盗版论坛网站下载获取片源，以约400元/部（集）的报酬雇人翻译、压片后，上传至App服务器向公众传播，通过收取网站会员费、广告费和出售刻录侵权影视作品移动硬盘等手段非法牟利。至此，人们发现"人人影视"在其发展的后期，面对日常运营、雇佣员工等压力，日益偏离了原宗旨意义上字幕组的"公益"特征。"人人影视"的商业化包括在片中各处插入广告，销售存有影视资源的硬盘，尝试拓展直播、商业翻译甚至区块链等服务。可无论如何，这些数据流量的直接来源毕竟是未获授权的影视剧资源。

2021年11月22日，上海市第三中级人民法院公开开庭审理了上海市人民检察院第三分院提起公诉的被告人梁某涉嫌犯侵犯著作权罪一案，并当庭做出一审判决，以侵犯著作权罪判处被告人梁某有期徒刑三年六个月，并处罚金人民币150万元；违法所得予以追缴，扣押在案的供犯罪所用的本人财物等予以没收。法院认定，"人人影视"网站及相关客户端内共有未授权影视作品32 824部，会员数量共计约683万。其间，被告人梁某以接受"捐赠"的名义通过涉案网站及客户端收取会员费，对外招揽广告并收取广告费用，销售拷贝有未授权影视作品的移动硬盘。自2018年1月至案发，通过上述各渠道，非法经营额总计人民币1 200余万元。

"人人影视"近20年的发展与消亡史，恰是中国互联网文化从弱到强，网上资源从贫瘠到丰富，用户网上行为从放任到规制的时期。黑格尔说"凡是合乎理性的东西都是现实的，凡是现实的东西都是合乎理性的"，我们认为不能用单一的版权逻辑来看待"人人影视"及其代表的字幕组活动，而应该结合中国互联网发展、中国文化发展、从受众到用户的生态发展等，全面分析字幕组带来的影响。在对司法机关的判决表示支持的同时，我们不应忘记"人人影视"做过的这么几件事。

第一件事是通过对粉丝和粉丝文化的理解，造就了中国当代标本式的粉丝文化社群。有网友笑称，"人人影视"获利1 200余万元，服务了680万注册会员，那平均一个人才贡献了不到两块钱。从这个意义上说，"人人影视"的确不是把粉丝当成"薅羊毛"的对象，而是让那些喜欢域外影视剧的网民找到了一个归宿。"人人影视"在其巅峰时期，不仅支持字幕的下载，还提供评测推荐、影视资讯、话题论坛等服务。2009年，"人人影视"与出版社合作出版了一本《我的视频影音制作书——剪辑·特效·字幕·压制玩全攻略》，后来还推出了自己的衍生App"人人词典"，成立了学习网站"人人学院"，让粉丝边看边学，寓学于乐，形成了当代有代表性的粉丝文化社群。

第二件事是翻译国外大学公开课，促进文化间的交流。2010年5月"人人影视"在中文互联网上率先发布"耶鲁大学开放课程"之"哲学：死亡"（Open Yale Course-Philosophy: Death）的中文字幕以及rmvb格式视频，这标志着国内字幕组正式开始了对国外名校公开课的汉译。因为国外大学公开课不强调其著作权，所以《中国新闻周刊》还将"人人影视"列为"2010影响人物"的候选人。2011年，由"人人影视""TLF""MYOOPS""oCourse"四个民间字幕组织联合成立公开课字幕联盟。在此期间，"人人影视"还在上海人民广场附近举办了三场公开课免费拷贝活动。

第三件事是不断的"正版化"努力，力图革新自己的身份。"人人影视"近20年始终处在版权争议的阴影下，它也清楚地知道这一点。在处理版权纠纷的道路上，"人人影视"曾经采取措施来应对。比如"人人影视"曾与平遥国际电影节合作，完成了40余部参展电影的翻译工作；与天津体育IPTV合作译制休闲体育视频；与"秒拍"合作，承接短视频翻译项目。在其翻译的美剧《生活大爆炸》被中国网民热议之后，"人人影视"还模仿《生活大爆炸》制作了网络剧《天剩我才》。但是"人人影视"的最大流量和卖点依然是域外剧集，在域外影视机构指责甚至拉黑"人人影视"的情况下，这些正版化的努力都十分有限。

字幕组的主要分型与"另类意义"

2010年前后，国内的主流商业视频网站开始大规模地引进域外影视剧集，当时很多人认为中国基本上告别了字幕组年代。但事实上，一方面是网民的文化需求旺盛而强烈，国内的文化供给能力不足以满足网民的影视文化需求；另一方面，依旧有海量的域外剧集被"阻挡"在外。在这样的文化"落差"和文化"逆差"的背景下，字幕组反而成为检视国内外文化交流方向、版权保护动向、网络流行风向的一种指标。

一、字幕组的主要分型

随着字幕组的发展变化，粉丝、学界和字幕组内部对其分类也更加细化，大致可以从规模、题材、剧类、语言、形式、翻译水平等方面进行划分。

规模、题材、剧类是常见的分类方法。从规模上看，字幕组可以分为小型字幕组、中型字幕组和大型字幕组。小型字幕组的核心成员数量一般在100人以下，中型字幕组的核心成员人数在100—200人，而大型字幕组的骨干数量一般都保持在数百人乃至更多的规模。围绕这些字幕组外围的粉丝数量，也从几百、数千到几百万不等。从翻译内容上看，除了动漫字幕组外，还有电影字幕组、电视剧集字幕组、公开课字幕组、综艺节目字幕组以及明星论坛附带字幕组等。比如，曾经出现过的漫游字幕组、猪猪日剧字幕组、澄空学园字幕组等以翻译动漫作品见长;"伊甸园""帝国影视""TLF""SLOMO""OAC""UUbird""破烂熊""人人影视""电波"等字幕组主打翻译欧美电影和电视剧;"凤凰天使""韩迷字幕""日菁字幕"等主攻日韩剧。既然是趣缘群体,每个字幕组的工作内容并不是绝对的,往往会根据各种重点关注内容的变化而变化,也会因为人员的语言特长重新布局。

在互联网野蛮生长的年代,一些规模较大的字幕组有着强大的语言人才优势,通常能够跨多种剧类进行翻译活动;而到了网络规制不断完善之后,更多小型字幕组由于其专攻某个类别,粉丝相对小众化,更能"存活"下来。一般来说,关注欧美剧集、日韩剧集的字幕组比较容易做大,而译制泰语作品(例如 FirstCS 字幕组、TAZZ 字幕组、BTS 字幕组)、俄语作品(例如鱼子酱字幕组、涅瓦字幕组)、中东地区影视剧(例如马特鲁字幕组)的字幕组则规模较小。还有一些更具内容专业性的字幕组群体,例如专注于译制纪录片的字幕组有"夏末秋"和"道兰",前者集中译制 BBC 的英文纪录片,而后者侧重译制 NHK 的日文纪录片;2014 年前后成立的"柚子木"专门译制 YouTube 上的无明显版权方的视频;"迪幻"(deefun)则是专门翻译迪士尼动画片的字幕组;"教育无边界"字幕组专门为大型开放式网络课堂(MOOC)制作字幕;"VS"专门翻译"维多利亚秘密"时装秀;"WTF"专门翻译马丁·费瑞曼的作品;等等。显然,网络用户的兴趣、文化产品的多寡、某种语言的国内学习者数量等因素,决定了字幕组的规模与发展情况。

破烂熊字幕组的作品列表截图

迪幻字幕组论坛网站

二、侵犯版权与冲击本土文化：能否换个视角？

如前所言，最早的字幕组先于互联网出现。在互联网技术渗透到字幕组的活动之前，由于字幕组翻译的内容少，传播的规模小，不太引起版权方的注意。当字幕组的活动与互联网结缘之后，无论是获取片源的数量、翻译节目的数量还是传播交流节目的数量，都有了海量的增加，一旦超过了某个限度，随之带来的便是侵犯版权的问题。从国家文化安全、文化生态的角度看，当一个国家的文化产业发展程度尚不足以与发达国家相抗衡时，该国必然处于文化的守势地位，为了保护本国文化和本国文化产业，必然要对各种进入国内的域外文化产品进行管控。以"人人影视"的判例来说，我们必须认识到"人人影视"的实际控制人侵犯了大量影视作品著作权人的利益，但光从这一点看还不够，因为在"人人影视"发展的近20年中，国家相关机构完全可以多次将其"关停"，但每次并未"斩草除根"，直到"人人影视"的实际控制人2021年年初被捕、11月被宣判，这实际上显示出国家对于文化安全的反复考量。

根据2021年6月施行的《中华人民共和国著作权法》第十三条规定：改编、翻译、注释、整理已有作品而产生的作品，其著作权由改编、翻译、注释、整理人享有，但行使著作权时不得侵犯原作品的著作权。第十六条规定：使用改编、翻译、注释、整理、汇编已有作品而产生的作品进行出版、演出和制作录音录像制品，应当取得该作品的著作权人和原作品的著作权人许可，并支付报酬。

《中华人民共和国刑法》第二百一十七条规定，以营利为目的侵犯著作权或者与著作权有关的权利的情形，违法所得数额较大或者有其他严重情节的，处三年以下有期徒刑，并处或者单处罚金；违法所得数额巨大或者有其他特别严重情节的，处三年以上十年以下有期徒刑并处罚金。那么多少数额才算得上"数额巨大"呢？根据最高人民法院、最高人民检察院《关于办理侵犯知识产权刑事案件具体应用法律若干问题的解释》第五条规定，违法所得数额在3万元以上的，属于"违法所得数额较大"；违法所得数额在15万元以上的，属于"违法所得数额巨大";非法经营数额在 25 万元以上的,属于"有其他特别严重情节",最高判处 7 年有期徒刑,并处罚金。

对照我国和世界上大多数国家的著作权法的规定,毫无疑问,字幕组的行为是违法或处于灰色地带的。但是字幕组的活动越是频繁、规模越大,恰恰从某个层面体现出文化供给的数量不充分、质量不够高。和中国等发展中国家的字幕组在网上热热闹闹、风生水起相比,美国国内的字幕组显得小众多了,那是因为绝大多数的影视剧、动漫、游戏等,都有英语版本,美国网民不需要花大力气就能得到高质量的文化产品。因此,接下来我们将站在发展中国家的视角,从两个层面——字幕组与版权、字幕组与本国文化——来论述字幕组带来的"另类意义"。

"版权"在英语中叫作 copyright,字面意思就是"复制的权力"(copy+right),中国古代的君王和文人掌握着哪些书籍可以复制的权力,但是他们只控制复制的类目,并不追求复制者向他们支付报酬。在西方国家,机械印刷术发明之后,为了保护出版商的利益,某些政府希望流通的书籍不至于没人印刷,意大利的一些王国最早制定了印刷特许权制度:王室将某些书的印刷特许权授予某些出版商,在某个期限内(一般不超过 14 年),他人不得印刷该书。我们发现,从古到今版权制度在不同的国家不同的时代有不同的展开,其核心原则是通过对版权的保护,确保本国文化产品的生产与文化传承的可持续性。

近代以来,当一个国家文化事业发展得好的时候,往往重视版权保护,而当文化事业面临困难的时候,往往要通过"特殊手段"来促进文化产业发展,因而对版权保护问题采取微妙的态度。很多人都不知道,今天对版权保护特别看重的美国,当年是一个版权观念十分偏狭的国家。1790 年的美国联邦

《版权法》规定，只有美国公民和居民可以寻求版权保护。直到1891年之前，美国不仅拒绝保护在美国无固定居所的外国作者的作品，实际上还对盗版行为持开放、鼓励态度。当时美国是世界上最大的图书进口国，英国作者的作品为其最主要的进口对象。《大不列颠百科全书》首次登陆美国就是以盗版的形式出现的，连美国开国之父华盛顿、杰斐逊等人都人手一卷。基于独立战争之前英美的宗主关系，以及两国文化、语言的相通，加之英国工业革命后奉行自由贸易政策，英国图书经由轮船穿越大西洋进入美国之后，美国文化市场上很快便出现了大量的廉价盗版书籍，美国也因此成为盗版者的天堂。例如，1843年狄更斯的《圣诞颂歌》在英国出版，在伦敦市场上售价为2英镑，不久之后，人们只需花费6美分便可在美国书店里买到一本盗版书，而狄更斯却没有从美国出版商那里获得任何版税。① 1853年《汤姆叔叔的小屋》在费城被一个未经授权的出版商翻译成德文复制售卖，作者斯托夫人早已在宾夕法尼亚州自行出版了德文版，但是也无计可施。

在1955年加入《伯尔尼公约》之前，美国拒绝加入任何全球性的国际版权保护多边条约。可见，近200年时间内，美国在国际版权事务中几乎是毫无作为的。但自加入《伯尔尼公约》以来，美国便迫不及待地在全球挥舞起版权保护的大棒，向发展中国家施加压力，要求它们采用符合所谓"国际标准"的政策与制度。美国在早期发展过程中放任甚至纵容侵权盗版行为，因为侵权盗版有利于其文化产业的发展，等到美国成为文化产品的出口国，乃至出口大国时，则立即改腔换调，不允许晚近才建立起知识产权制度的第三世界国家有侵权盗版现象，甚至不惜采取单边行为，对第三世界国家进行贸易制裁或

---

① 邱岩. 美国才是盗版祖师爷![J]. 环球财经，2009（7）：124.

威胁。无怪有人说,美国这是一种过河拆桥的"蹬梯子"做法。①

讲美国历史上的例子,并非要否定对作品版权保护的认知,我们想说的是,对版权的保护也应该是历史的与具体的。字幕组就是发展中国家在特定的历史阶段和技术环境下出现的盗版问题,对待这个问题的理性看法是,发展中国家需要不断完善版权保护制度,逐渐跟上国际版权保护的趋势;发达国家作为版权输出方也应该放弃要求发展中国家在短期内杜绝盗版现象这一不切实际的想法,打消动辄使用贸易调查和制裁大棒的想法。双方应该通过国际合作、相互磋商等方法,找到符合双方利益的版权使用之路。

从字幕组和文化的关系看,我们还须厘清以下几个关键问题:字幕组对主流文化的冲击或挑战体现在哪些方面?是否会对主流文化构成威胁?字幕组活动作为青年亚文化的一种形态,在文化资源自我选择与接受的日常实践中扮演着怎样的角色?对于字幕组未经授权的文化译介和传播行为,我们究竟应该持怎样的评价标准才能不失偏颇?在社会学、文化学的框架下,我们该如何评价字幕组的行为?

对于字幕组的成员和用户而言,他们通过非官方、非营利为主的文化资源共享形式,赢得了一定程度上的文化选择权与支配权,为研究新时代背景下的青年文化、流行文化与大众文化提供了很好的切入点。依托网络崛起与壮大的字幕组体现出的是中国青年亚文化的新门类,反映了当下影像传播和接受机制的变化。一部分影视作品的传播不再依靠国家行政力量和各级媒体部门,而是依靠技术力量打破了原来的传播路径和模

---

① 樊宇. 从"文学的巴巴里海岸"到版权国际保护的急先锋——美国版权政策的历史变迁[J]. 电子知识产权, 2018 (12): 32.

式,一定意义上实现了对主流影像话语的冲击与再造,也是对欧、美、日、韩等强大文化资源攻势的一种"抵抗式吸收"。

就影视内容生产而言,中国的影视文化产业的市场开发和资源优化还面临许多挑战,字幕组像是一条鲶鱼,搅动了对影视最敏感、最在意的两个群体:最挑剔的那部分观众和追求卓越的制作者。中国影视产业不缺故事,缺的是从传统文化资源、当代文化资源、革命文化资源中提炼"好故事"的人,缺的是向国外讲好中国故事的人。中国的很多导演都说过,在录像带和光盘的时代,是盗版碟片让他们和电影结下了不解之缘。到了互联网时代,那些致力于翻译冷门经典影片的字幕组,关注由于市场、版权等原因被限制在正规的渠道以外的重要作品。这些字幕组的成员都是外国影视作品的发烧友,他们的审美水平不亚于专业的导演或者评论家,选择翻译的冷门影片大多成为粉丝们"压箱底的宝贝"。从长远看,这对于提升国内影视剧的创作和欣赏不无裨益。

就整个文化生态而言,中国还没有成为强大的文化资源输出国,在这个特定的阶段,政府必然要考虑文化安全等因素,利用行政保护的措施支持本土影视文化产业的发展。政府为了保护文化产业,每年引进的域外影视作品必然是数量有限的。但套用经济学上的"幼稚产业(保护)理论"(Infant Industry Theory),行政保护只能是阶段性的,一个产业的壮大必须要通过市场竞争。国产影视节目只有通过与外国同类产品同台竞技,才能最终提升自己的竞争力。在国外竞争对手难以长驱直入的情况下,在文化生产与消费从传统模式向新模式演进的过程中,字幕组意外地担当起了生力军的角色,让国内的影视作品始终有"参照系"和"对话者"。

三、"幕"后英雄与"盗火者":超越版权问题的字幕组传播

相对于早期单一地翻译动漫和影视剧,如今的字幕组已经成为跨文化传播的中介与载体,他们不仅翻译传播世界一流大学的公开课视频,翻译各种网络流行的外文文本,甚至开始将中文世界的重要作品向世界传播。字幕组正用媒介技术和专业能力为自己营造互联网上的话语空间,他们虽然身在"幕"后,但是通过对内容的选择和个性化的翻译体现出自己的观点与品位,一定程度上成为青年群体的文化风向标。

当年哈佛、耶鲁等世界名校的视频公开课在国内流传,与字幕组的工作密不可分。这些公开课的传播大多遵循 CC 原则(Creative Commons,即"创作共用",后文还会涉及),允许作品在遵循一定条件下免费传播与使用,这恰恰与字幕组无偿劳动、促进分享的理念高度契合。大量国外公开课视频被点播、分享、评论之后产生的社会影响,已经溢出了互联网,有人说"盗版者"变成了"盗火者"。

为众人抱薪者,不可使其冻毙于风雪。在本章即将结束的时候,我们可以得出几点结论和思考。

其一,基于互联网的民间翻译活动,不会因为某个字幕组的被关停而停止。因为广大网民不断提升的对全球优质文化产品的需求,需要得到满足。伴随着国家对版权保护力度的增大,类似"人人影视"这种大型字幕组,尤其是翻译传播有商业性版权内容的字幕组,不太会再出现了,但是各种小型字幕组及其翻译行为,一定会延续下去。

其二,基于前互联网时代形成的著作权保护概念,到了互联网时代需要接续和更新。著作权的保护,到底是为了保护而保护,或是为了传播而保护,还是为了达成创造者与使用者之

间的某种权利平衡？同时，我们还需辨别不同国家在版权保护上的初衷、动机和途径，不能只看到版权的问题而将字幕组的活动"一棒子打死"。

其三，基于网络传播技术和形态的变化，字幕组的转型和出路在哪里？为什么国外大学的公开课视频，欢迎各种字幕组去翻译和传播，而各种影视产品的著作权方，则特别忌惮字幕组的介入？一直盯着中国字幕组的美国电影协会等组织，扛着保护影视作品著作权的大旗，是不是也有维护其影视作品超额利润、垄断利润的嫌疑？相关的国内外版权方和传播机构，有没有可能吸纳字幕组来参与跨文化交流作品的互译，改掉那种常见的"翻译味""配音腔"，让中外文化的交流更传神？

在数字文化中，许多人创作并分享媒体内容，草根和业余形式的表达获得了越来越高的能见度，就像我的祖母从纺织厂拿回边角料进行加工一样，我的朋友和学生从媒体上获取原始内容并在此基础上通过重组创造出了新的内容。

——亨利·詹金斯①

参与观察：在字幕组的线上四个月

---

① ［美］亨利·詹金斯，［日］伊藤瑞子，［美］丹娜·博伊德. 参与的胜利：网络时代的参与文化［M］. 高芳芳，译. 杭州：浙江大学出版社，2017：8.

为了推进研究，笔者曾经于 2015 年安排一位精通日语的学生申请加入"伦敦之心"字幕组，并在其中工作了四个月，积累了丰富的参与观察素材。这个字幕组当时刚刚组建一年左右，专门制作各类日本综艺节目，主要以翻译日本一档深夜娱乐节目《伦敦之心》为主。这是一个规模比较小的字幕组，基本上保持每天一部的出品量，字幕组群体无固定的追崇偶像。以下是一份带有"网络民族志"式的线上参与观察日记。

入群与试翻

【7月1日】虽然以前也做过一些字幕，但未与组中人员有更多互动，本次以新人的身份进入字幕组很有感触。字幕组所涉及的不单单是制作传播。他们俨然已经形成了自己的文化群体。新人入组想与别人交流，需要十分了解他们所谈及的事。他们有自己特有的说话方式和使用的专业词汇。除非对共同翻译和共享的内容抱有极大的兴趣，否则真的很难有动力支持你在论坛和字幕组中长期待下去。组内人员流动性也大，因为无偿劳动的原因，每个人在离开网络之后还有自己的生活。很多人在大学期间参与字幕组，大学毕业后因为没有时间就退出了，但是依然会在论坛发帖，下载共享的资源，时间充裕的时候也会重新回来做一些工作。

【7月2日】今天字幕组的人事管理与我联系，说最近缺少压制人员。对方表示压制不需要经验，只需要有比较好的网络环境和硬件设备。主要负责已经处理好翻译好的作品的格式转换，要求转换为比较小的 flv 格式，再上传到网盘分享，对人员的计算机水平和外语能力等基本没有要求。现在有很多播放器就直接带有格式转化的功能，但由于这项工作需要比较多的转换和上传时间，同时又没有什么挑战性，所以一直比较缺

人。对于新人来说，这是一项比较合适的工作，我表示愿意尝试，一方面这标志着我在字幕组工作的开始，另一方面我也希望在有良好表现后接受新的任务。

这位人事管理人的网名叫"C老师法语班"（下文简称"C老师"），男性，26岁的上海人，大学专业是法语，日语是其后来的兴趣，有比较多的亲戚朋友在日本。他主要负责论坛的新人招募和任务分配。他说参加字幕组就是追逐梦想，后来我才慢慢了解到，C老师其实是这个字幕组的核心成员。

C老师给我介绍了字幕组的特点。一是速度快。在日本播出后，比较红的节目一般在第二天就可以在各大字幕组看到。二是翻译生动。字幕组的翻译水平参差不齐，但是由于不用太严谨地翻译，所以翻译者很喜欢加入自己的风格，使用大量的梗。三是资源全面。有很多节目在各大正规播放网站上是找不到的，有些需要不断搜索。大的字幕组下面一般分为很多小团体，不同的团体可以称为板块或者群，里面的人都对这个板块的内容感兴趣，所谓人多力量大，大家会互相分享，资源丰富程度可想而知。四是内部信息交换及时。在字幕组的论坛中你不是看客，而是参与者，即使你只在论坛中下载资源，也需要发帖和大家谈论自己的看法。五是"从菜鸟到大神"的等级体系。如同网络游戏从最低等级开始一样，通过不断做任务，你可以得到相应的等级与权限。签到、发帖、回帖都可以加分，但想得到更多的权限就需要参与字幕组的制作和管理。为了得到节目资源，大家就更愿意活跃在论坛中，更愿意与他人分享资源，或者是参与字幕的翻译与制作。六是固定兴趣爱好的文化社区。每一个字幕组的论坛和qq群，都有独特的文化体系。他们只聊共同的兴趣爱好，相互分享做字幕所涉及的事，不涉及隐私，没有太多的其他话题。

【7月3日】做了压制之后，今天接到一个试翻任务，和

我说"做得好可以做校对"。任务是翻译一个日语采访节目的前面十分钟（内容是就新一季的剧集《最后的灰姑娘》进行宣传，采访三浦春马）。我得到一个视频链接，要求三天时间完成十分钟的听译，翻译好的文字打成 txt 格式的文档。我介绍说自己通过了日语一级考试，组中管理人员要求我在论坛中多活动，以便得到更高的等级，甚至可以参与管理工作或自己开设板块。果然字幕组对于有一定语言基础的人还是比较看重的。C 老师在 qq 群内表示缺少推广的人员，我在群里面没有接话茬。

今天和群里几个有空的人聊天，用他们的原话来讲："字幕组是神一般的存在。"字幕组在那些喜欢国外影视内容的网友们眼中是不可或缺的存在，做字幕组的人都挺神秘而强大的：具有很高的语言能力、计算机处理水平和各种奇奇怪怪的知识。

【7月5日】今天完成了第一篇试翻，发送后等待回应。7月初是日剧换挡期，故而日剧组回复我"暂时不招人"。动漫组是目前最难融入的组，论坛中多为低年龄段的人。

【7月7日】试翻通过，给我的下一个任务也从 10 分钟加量到 26 分钟的篇幅。翻译实在不是件容易的事，平日自己看剧和翻译出来与别人分享是不一样的，后者有一份责任感在里面。自己看"生肉"的话，听懂笑一笑就好，但是真要翻译时就时常字斟句酌，希望做到"信、达、雅"，还要体现一定的个人创意。对于综艺节目，组内希望把日本的笑话翻译成中文后依然好笑，现在体会到了组里的人常说的"翻译时想到一个梗，就很有成就感"。

【7月8日】翻译好的第二篇已经交给内嵌和时间轴的人做后期去了。今天接到的新任务是翻译《伦敦之心》的 3 小时 sp（特别节目）。翻译组很重视这个节目，在视频论坛出了通

告"后天推出"。翻译qq群里已经在讨论了,据说其他字幕组也要出翻译版本,这样网友就会有比较,因此大家都摩拳擦掌,跃跃欲试。

【7月9日】参与翻译的第一个视频在论坛上发布,得到了不错的评价,心里很高兴,也终于被组里和论坛里的人所接纳了,可以得到重要作品的翻译任务。希望可以做好,与大家更加亲密些。

【7月10日】今天又收到新的翻译任务,希望再翻几篇之后,可以做一些管理的工作。最近在和C老师商议,回复说"应该有希望"。

今天收到的台本是对方通过离线文件发给我的,txt文档形式。现附上一部分摘抄,据说是从高清片源中可以提取出来的,格式如下。

00:00:17,907 ─→ 00:00:23,546
続いて、結婚歴2か月
笑い飯、西田さん。
00:00:23,546 ─→ 00:00:26,415
淳:超新婚。
西田:そうですね。
00:00:26,415 ─→ 00:00:29,068
ちょっと、4月の終わりに
入籍させてもらって。

我问了C老师,他说我们翻译的内容来源有两种,一种是从日本找人录了再传回来,是日本电视节目中的高清片源。日本的电视台都采用HD技术播出,所以可以像DVD一样选择接收字幕或关闭字幕。从节目源上直接提取字幕文件,为翻译、内嵌和时间轴的制作提供了方便。为了在第一时间得到日本的电视节目（尤其是高清版本），有些字幕组甚至花钱请在日本的朋友协助录像。我说，我们都是义务劳动，怎么有钱买高清版本，C老师说群里有些年纪大（30岁以上）的人，在用钱养这个爱好。

另一种是在网络上寻找网友上传的"生肉"。这一类内容的获取要求比较好的计算机水平和网络检索能力。不少在日本的留学生为了学习日语，在网上共享了很多视频资源。也因此，有人觉得某个节目的现有翻译版本翻得不到位，就会给出一个新的版本来。

成就与担忧

【7月11日】sp初稿翻译结束，20分钟的视频共计用时4个多小时。这是首次尝试连续翻译。一口气做掉这么多的翻译还是第一次，以前一般做的都是不抢时间的节目（做的组少，看的人也少，没什么竞争的关系），一般在5天左右做20—30分钟的翻译。这一次赶时间，第一次做得这么有紧迫感，对于翻译质量也有更高的要求，觉得自己有一定的责任感。

今天在灌水群里看各种聊天，灌水群即字幕组的常年讨论群，群里包括字幕组的人员，还有各种对字幕组感兴趣的人，在这里求资源或者求翻译都可以。每天基本上都有新人来打招呼，每天也都会删人（一个月内一直潜水就要被删）。群里人数远没有论坛多，毕竟论坛是资源集中的地方。有些人比较活跃就会加入群，也有些人是看到我们的字幕作品上打着的qq群号而加入的。

今天提交了第二篇翻译稿后，我被C老师拉进一个"特招群"。这是一个字幕组新人召集群，也可以说是一个实习基地，一般新人能在这里翻译几篇质量和反响都好的作业的话，就算是正式通过。

群里有一位我的大学同学小姜，她看到我用自己的号加入后主动联系了我。她进组有2个月左右，我问她有没有做什么节目，她说试翻通过后就一直没什么任务了。对于这一点我还是很奇怪的，姜同学的翻译水平远在我之上，在学校里她在文学翻译课上时常得到老师夸奖。我大致看了一下她的翻译，字句都非常精准，基本上没有问题，可能是少了些幽默感。组里有很多人都不是日语科班出身，因此翻译得并不是很精准。但为什么没有继续用她呢？我想可能与性格有关。玩翻译组的人大多都很活跃，要主动在群里、论坛里交流。姜同学比较文静，很少主动与人搭讪，在群里我也没有见她发任何消息。字幕组就是一个"同好会"，与大学社团有相似之处，总有表现积极和表现不积极的人，不积极者很容易被人遗忘。

【7月12日】得到消息，我翻译的那个3小时特别节目已经交给组里的时间轴部门做后期了。今天认识了组里的一个美工，她是学艺术设计的，专门负责组里的特效美工，还有一些重要节目的海报。她不会日语，就只能负责这些。

今天组里来了个新人，报名当压制。一般新人或不懂日语的人进来后都是当压制，也有人教。有新加入的小伙伴表示，自己大二，日语二级都没过，但是想当翻译。群里都说让她再锻炼锻炼。对翻译的一般要求是在不查字典的情况下，看一遍作品可以听懂90%左右，一般都要过日语一级。学日语的人很多都会找机会来提高自己的听力水平，不得不说看"生肉"、做翻译是个好方法。

【7月13日】我翻译的部分在论坛上贴出来了，评价不错。群里做了一次后期反省会，主要就是讨论各环节的配合，大家的风格怎样进一步统一，等等。我第一次知道，我们这个

综艺翻译小组和"人人影视"的综艺组是有合作的,经常有sp的共同翻译。翻译组之间的相互合作,让字幕组从一个个独立群体向一簇簇群落发展。我们这样相对较小的翻译组和大组有合作,有利于我们的宣传和发布。

"人人影视"做欧美剧、日韩剧较多,其动漫资源较少。在"人人影视"网站上,一般电影过了档期一段时间后,就会有翻译版本出来。也可以搜到一些比较冷门的电影。2012年年底的时候中日关系一度紧张,各大视频网站上都取消了日剧的更新。那时"人人影视"几乎是可以看到最新日本剧集和综艺的唯一渠道了。回忆起来,也是从那时起,我和很多追日剧的同学开始到字幕组平台下载内容观看。

【7月16日】今天接到新任务,翻译日本一档搞笑综艺节目《神之舌》的一期"整人单元"的后半部分,一如既往地得到一个视频的网址链接。

节目中有一个情节:某搞笑艺人扮演成男同性恋者去骗一些少女偶像团体的成员,看看她们的反应。这类节目在日本很流行,被称为性格测试,以从各种整蛊中看一个人的反应来分析她的个性,主要还是以此取乐。因为不同国家对待同性恋群体的态度和文化等原因,《神之舌》无法以普通方式进入国内文化市场。

今天论坛里面也很热闹,主要是谈论有关偶像的问题。我们这个字幕组没有什么特定追崇的偶像,而有些特定偶像粉丝组成的字幕组,会专做某个偶像的节目的翻译。

在这方面,韩语节目字幕组也很有特色。我的一个朋友一直很喜欢韩国的SHINee组合,最近该组合中的一个成员参加了一档韩国真人秀节目《我们结婚了》。这个节目在韩国是周六晚上播出,在优酷上有正版引进,但要等到下周一,而一般字幕组会在周日就有cut出来,速度非常之快。论坛里的人说这一般都有七八个组同时在做，所以才能保证这样的速度。韩国综艺节目的限制级别不算高，相比而言，日本综艺的很多内容在国内很可能是要被禁止播出的，也许这是韩国综艺节目在中国受欢迎度更高的一个原因。

【7月17日】表示想要学习字幕组的时间轴的工作。得到一个新手教程和一个制作软件的链接。下载学习中。

【7月18日】电脑出了点问题，软件下载后直接对电脑有了些影响。播放器出问题，不知道为什么，招人解决中。

【7月20日】电脑问题解决，软件还在研究中。《神之舌》的翻译限期将至，赶了一下时间，对自己翻译的文字不是很满意，因为时间紧，还是发送给C老师了。

【7月21日】实在放心不下自己的文字，与C老师沟通后返工。对原有的翻译做了补充和更改。文中有很多同性恋用语，原来学日语的时候几乎没见到过，所以我查了很多日本媒体的采访视频来修正自己的翻译。突然对自己的翻译作品增加了不少责任感。与群里的人交流，大家说这是一个必经的阶段，慢慢地就会更加融入其中，对字幕制作有更多的爱。

最近看片也开始有所改变，以前看"熟肉"会看字幕，不太细听，现在会很认真地听原文，也会仔细对比，就像做校对一样。看"生肉"的时候，以前是看得懂就行，脑子里不会具体去形成文字，现在会以最快速度去反应，因此比以前看片累了很多。现在看片我还会做笔记，看到翻得好的、让人记忆深刻的及不懂的流行词汇，我都会记下来。在组里做字幕的人都有这样的感受，这的确对于提升外语能力有帮助。

【7月22日】今天重新交稿，得到了肯定，有一种前所未有的成就感，C老师说我是真的入门了。于是他把我加进了正式翻译组。从现在起算正式全面进入组中。

心得与反思

【7月28日】今天接到第五篇翻译,是团队一直追踪的节目《伦敦之心》的翻译,内容是关于日本一个长相颇怪的女艺人的访谈。接到组里的核心任务后,尽管时间很紧,但由于我对这个女艺人比较了解,所以翻译起来得心应手,速度比以往还要快,受到了组长的表扬,很高兴。另外,今天 qq 群里一直讨论微博里热转的一个日本综艺节目的截图,是一档有些情色意味的节目,"口味"略重。大家热烈讨论后,愉快地决定要翻。

【7月31日】今天论坛里聊起关于微博申请的话题。为了字幕组推广,群里决定申请微博账号。可惜"伦敦之心"的名字已经被抢注了,于是又注册了一个名叫"伦敦之心字幕组"的微博账号。负责压制的"サミー"一直是组里宣传的主要担当,他和"新浪综艺"这样的大V联系,要求做一些推广,对方答应一个星期出一个"新番"的推介微博。但是这也引来了大家的热烈讨论,很多人认为这样张扬的宣传会招来版权问题的追究。有一位网名为"冰镇雪糕"的组员表示,作为一个学习法律的人,她一直对于自己和字幕组的活动有担忧,虽然字幕组在影片开头加了惯常的"字幕仅供交流使用"等字样,大家心里都很明白这有些苍白无力。

【8月1日】在群内讨论关于论坛中的点击和评论问题。大家最近对评论有些寒心,因为点击量虽然不断上涨,可是发表评论的实在不多。做字幕的都希望有关于翻译等方面的评价,可惜很少能得到鼓励。很多网民对于字幕组无偿做字幕的事,依然缺乏了解,大多数人只追求翻译好的节目,对字幕组的工作没有兴趣。

【8月2日】前些日子听C老师说要和土豆网的管理员商量，把我们翻译的内容在网站搜索结果中推到前几条，没想到今天真的实现了。他在群里说了句"打通了"，至于怎么打通的他说要保密。

最近各家网站对国外综艺节目的版权保护执行的尺度似乎不太一样。加了中文字幕的日本朝日电视台的节目，在优酷网上往往被掐掉，可是在土豆网上却很容易发出来。我又看了新浪网的视频频道，字幕组翻译和传播的内容也都可以上到网站的主页，这让我感到各大视频网站与字幕组之间微妙的共生关系。

【8月3日】和组内资深成员讨论前两年PPStream的话题。PPStream原来是很多人看日剧的地方，但由于2012年年底至2013年年初中日关系降至冰点，各大网站正版引进的日剧都被撤下。后来PPStream和字幕组达成了某种默契，很多知名字幕组翻译的作品在PPStream上传播，PPStream这样的网站是营利的，但字幕组的核心成员是否有利益分成，不得而知。

【8月7日】组里除了日语翻译外还有几位英语翻译人员，这些小伙伴不仅是我们翻译日语中的外来语时的好帮手，也是一些节目出现英语时翻译的好帮手。在日语中特别是现代日语中有很多外来语，英语翻译的好坏也决定了日语翻译的好坏。

【8月9日】这段时间关于字幕组是否商业化的讨论很热烈。在"伦敦之心"字幕组中，大家都认同"自己掏钱养兴趣"的做法，据说一直以来服务器的费用都是C老师自掏腰包。但是也有人提出，用点击率可以换取商业化的支持，毕竟我们的字幕作品还是有竞争力的。这轮讨论的结果是，我们还是比较保守的，不像"人人影视"那样又是卖广告、又是搞营销。据说有些大的字幕组已经靠翻译来赚钱了，我们还是保持

初衷：兴趣爱好和使命感。

【8月10日】我和群里的人渐渐成为朋友，虽然没有见过面，但是除了翻译大家也会就各自的一些烦恼和生活问题进行讨论。学习日语和日本文化，进而留学日本是不少人的愿望，也有不少已经在日本的留学生会给出很多意见和建议。

【8月12日】今天看了一下，我们的微博账号关注量已经快1万了，开通没几天，但是增长速度很快。

【8月14日】今天听组里人说，我们的翻译作品又被"新浪综艺""账号"了，于是关注了一下，的确如此。另外一个作品还在土豆网上了主页的推荐。

【8月20日】跟组里请假，休息了一个星期，没怎么干活，今天收到C老师布置的作业，还是做上次那个长相颇怪的女艺人的另一个节目。我看看时间不是很长（23分钟），自己也有空，于是就接了下来。

【8月23日】交稿给C老师校对，第一次被批评，因为节目中的三个外来语翻译不精确，另外还有一些其他错误。

同时，原文中的两个"梗"我翻译得不好。自己有些委屈，毕竟花了很多时间下去，态度上也没有敷衍。C老师说我已经是老翻译了，对自己要有更高的要求，我无言以对。重新改进之后交了稿子，自己也表示有所反省，接下来更加注意。

【8月24日】临近开学，我与C老师约好，以后一周一篇左右，如果时间多的话，在翻译的同时做做校对和压制等。

【9月1日】在字幕组的工作进入新阶段，不通过C老师布置，自己开始直接在群邮件中选择有意向的作品进行翻译。最近接触各类节目较多。一般一个节目都会有几个小伙伴负责担当，这样可以保证翻译的统一性和节目的延续性。虽然内容等都不是自己制作的，但是字幕翻译也是一个再创造过程。

【9月6日】字幕组缺推广人员，我把学妹小王推荐了过

去。"人人影视"的日语组在招网站管理员,他们有人联系到我,希望我可以去试试。然而随着新学期的开始,我的翻译工作可能要告一段落了。

【9月7日】既然"人人影视"联系我了,那就去逛一下。我突然对"人人"网站上的广告感兴趣了:什么样的广告愿意投放在字幕组的网站上?字幕组又是怎么开始做广告业务的?希望可以加入"人人"探究一下。

【9月8日】今天交新的稿件的瞬间,对自己的翻译稿件产生了不信任感。第一次有这种感觉,生怕翻译的错误会给别人带来误导。下午上网,看到某视频网上有我前段时间翻译的节目,自己笔名印在片头,既开心也担忧。开心是因为自己的作品有人看,担忧的是自己翻译水平有限。幸好评论区内大多是对节目内容的评价,据说翻得很烂才会有人骂,而翻得好也不太会有人赞。到底是什么动力,让C老师和几个核心成员支撑着一直做下去呢?这样长久的一个兴趣爱好,是用零碎时间拼凑起来的。一个星期翻译几篇的人我可以理解,可是组织者呢?他们要花不少时间在这上面,为的是什么?

【9月28日】很长一段时间不在组内活动,C老师委托一位组长今天主动找我谈翻译工作的事。像这样比较小的字幕组,里面很多人都是走走停停、来来往往,缺少固定人员。因为人员流动性比较大,所以虽然时常有应征者参加进来,但是在组内长期保持活动的只有几个核心成员。我问组长做了多久,组长说一年多,我问他是留学生吗,他说在日本读研究生快两年了,学的是建筑学。

【10月4日】在PPStream上看到了很多"人人影视"的翻译作品。PPStream作为一个营利性的网站,字幕组上传分享的作品在播放前,被插入了大量广告,这个经济利益被谁拿去了呢?

与"人人影视"一位从事压制的朋友聊起,"人人"也在多个翻译的作品中插入过广告,她说是为了支付维持网站的费用。字幕组一般成员依然是不取分文的,最多获得过广告商投放的优惠券什么的。但是"人人"的核心成员有没有分成呢?我们都不得而知。

　　【10月23日】我在"伦敦之心"的翻译工作基本已经进入常规,我利用qq邮件组内发布的资源,确定自己的翻译部分。我一般一天会收到4—5个邮件,一个节目的翻译时间一般为3—5天。我还是得说"伦敦之心"是比较小的组,有些大组可以保证国外节目播出后24小时内完成翻译与更新上传。我用了将近4个月的时间,把自己变成了字幕组老人,有时C老师也让我去带新人,去联系负责文案和制图等工作的小伙伴。因为学业的原因,在"人人"没有能开展翻译工作,因此也就难以继续深入下去参与观察。

我们首先应当确定一切人类生存的第一个前提，也就是一切历史的第一个前提，这个前提是：人们为了能够"创造历史"，必须能够生活。但是为了生活，首先就需要吃喝住穿以及其他一些东西。因此第一个历史活动就是生产满足这些需要的资料，即生产物质生活本身……

在共产主义社会里，任何人都没有特殊的活动范围，而是都可以在任何部门内发展，社会调节着整个生产，因而使我有可能随自己的兴趣今天干这事，明天干那事，上午打猎，下午捕鱼，傍晚从事畜牧，晚饭后从事批判，这样就不会使我老是猎人、渔夫、牧人或批判者。社会活动的这种固化，我们本身的产物聚合为一种统治我们、不受我们控制、使我们的愿望不能实现并使我们的打算落空的物质力量，这是迄今为止历史发展中的主要因素之一。

——马克思、恩格斯《德意志意识形态》[1]

特征建构：
亚文化视阈下的字幕组

---

[1] 马克思，恩格斯. 德意志意识形态［M］//中共中央马克思恩格斯列宁斯大林著作编译局. 马克思恩格斯选集（第一卷）. 北京：人民出版社，2012：158，165.

本章要谈谈字幕组的亚文化特色，但是在从亚文化视角切入之前，有这样几组事实和数据值得我们回顾。这就是按照马克思、恩格斯的观点来分析，在"创造历史"之前，字幕组产生的物质基础是什么。

英语第一次大规模进入中国，伴随着英国工业革命以后的扩张需求，当时有两种形式，一种是贸易往来产生的沟通需求，另一种是传教产生的需求。据说最早出现在广州的英语教科书之一叫《鬼话》（*Devil's Talk*），其中用粗浅的汉语为英语词汇注音，比如把 today 注音为"土地"，把 man 注音为"曼"。鸦片战争以后，中国人开眼看世界，中国近代史上大量的名人都有外国留学经历，学习西方语言的热潮也从这时萌芽。

根据 2020 年的统计，1978—2019 年我国各类出国留学人员累计达 656.06 万人，其中 165.62 万人正在国外进行相应阶段的学习或研究；490.44 万人已完成学业，其中有 423.17 万人在完成学业后选择回国发展。1983 年外语（包括英、俄、法、德、日、西班牙、阿拉伯语）被正式列入高考科目，有人说四分之一的中国人在通过不同的途径学习外语。

截至 2020 年 12 月，我国网民规模达 9.89 亿，手机网民规模达 9.86 亿，互联网普及率达 70.4%。其中，40 岁以下网民超过 50%，学生网民最多，占比为 21.0%。

特殊的社群

亚文化的概念源于西方学界，一般指区别于主流的族群文化。20 世纪 80 年代之后，随着经济体制的转型和思想领域的逐步开放，再加上大量国外文化思潮的影响，中国原有的社会分层与文化格局开始松动，亚文化的概念和实践也随即浮现。

按照亚文化研究专家马中红教授的观点,像1980年震动全国的"青春诗会"以及朦胧诗群的崛起,同年第二届"星星美展"的举办,还包括稍后令人着魔的邓丽君的"靡靡之音"、崔健"一无所有"的呐喊,都是当时青年亚文化的表现。

从统一看八个样板戏,到全国追一部国外影视剧(例如《大西洋底来的人》《加里森敢死队》),中国人的文化生活发生了巨大的变化。再到后来,伴随着从电影电视到互联网的跨越,伴随着从web1.0到web2.0的突破,网络字幕组应运而生。字幕组是当今青年亚文化的典型代表。在构成上,字幕组成员是追求独立精神与自我意识的青年一代,他们是青年群体中的活跃分子,在共同兴趣、共同品位、互助分享的观念指引下,共同营造另类(alternative)话语空间,形成自己的话语体系。同时字幕组又是当今跨文化传播的典型代表。在行动上,他们跨国"搬运"文化产品,组队翻译这些内容,用计算机和互联网技术实现了传播与分享。有人这样描述字幕组的日常生活:"每到剧集发布的日子,这些看似松散的组织便会立刻变得'战斗力十足'。成员们不约而同地抛开手头的事,从不同的地点上线,展开高效率的分工协作,在几个小时内为影视迷们制作出中文字幕。"[1] 这段话集中反映了字幕组的亚文化特征,他们是有战斗力和号召力的虚拟社群、是依托线上聚集的兴趣小组,其成员是具备高效的文化转译能力的活跃分子。

按照理想化的情况,网络为年轻人构建了一种亚文化的虚拟空间,同时也给字幕爱好者提供了一个内容交换的自由市场。网络字幕组成员凭借共同的兴趣爱好在互联网上创造了一

---

[1] 何滔. 字幕组,不计回报的文化使者[M]//格言杂志社. 乐活. 南京:凤凰出版社,2011:46.

个个域外文化小众迷群，并试图通过自己的知识和特长去沟通社会生活与媒介环境中存在的矛盾之处，赛博空间成为他们分享海外影视作品的应许之地、狂欢之所。

字幕组成员绝大部分是具备一定外语和计算机水平，对外来文化有一定了解的青年人，其中在校学生和都市白领最多，很大一部分人都拥有海外留学或工作的经历，不少拥有硕士乃至博士研究生学历。同样，与字幕组形成紧密联系的普通观众群体也大多是青年人，字幕组与观众之间就形成了一种"具有内聚性的文化默契"。

互联网是当代青少年最频繁接触的媒体，因此以互联网为代表的新媒介建构了当今最为突出的青年亚文化情境。王一川教授曾经总结过青年亚文化的三个主要特征：一是青春感性冲动，二是青春偶像崇拜，三是都市文化（大众文化）模式。①对于每一个字幕组群体来说，三者皆具备。在处于文化转型期的国度，字幕组夹杂着略带叛逆精神的都市青年文化追求，对于有着感性冲动，同时又手握新技术和外语工具的年轻人而言，他们寻求着对抗权威、改变从属的策略，以期在新媒介的助力下实现自己的文化理想和文化诉求。具体来说，那就是"爹妈看的片子我不看，国产的普通剧集我不看，越是难找到的片源我越要看，越是跟全球同步的节目我越要看"。在这样的心理机制推动下，字幕组成为特定的青年群体在特定时间的最佳载体。

不同类型的字幕组，参与者（生产与传播字幕）和使用者（主要是观看节目和传播成片）的年龄结构略有差别，例如动漫和韩剧的字幕组成员相对年轻，一般在20岁左右，而美剧和大学公开课的贡献群体（包含了上述参与者和使用者）年龄

---

① 王一川. 大众文化导论[M]. 北京：高等教育出版社，2004：203.

跨度相对较大。以笔者曾经在 2012—2013 年参与实践过的 TLF 字幕组为例，"TLF"成立于 2002 年，也是国内最早成立的字幕组之一，当时组员已超过 100 人（以 qq 工作群为准），组员中包括"70 后""80 后""90 后"三代人（其中 20 岁到 30 岁之间的组员居多），受教育程度涵盖了中学、大学、硕士、博士，一部分是海外留学生，还有来自香港、台湾地区的字幕爱好者。而一些较晚成立的新兴字幕组，其成员构成更加年轻化，例如国内当年知名的"风软"美剧字幕组，据创建人小福透露，"风软"字幕组成员有一些比较普遍的特征："他们一般都有大把空闲时间对着电脑，学生和宅男宅女居多。年龄大体是介于 20 岁到 25 岁之间，外语能力都非常好。"①

年轻化的组成结构使得字幕组群体本身拥有了一种迷群活力，这来自青少年对异域文化的好奇，对互联网共享精神的认可，对群内拥有大量文化资本（找片源、翻译、压制等能力）的同伴的崇拜，对自己的作品在网上被认可的沾沾自喜，以及对字幕组的神秘色彩拥有的骄傲。基于此，字幕组的成员不断增加，规模也不断扩大，相应的节目类别和语种也越来越多。同时，根据互联网时代"产消者"（prosumer）的概念，作为字幕和视频的受众与作为字幕组成员之间并无明显的身份区别，字幕组成员很多都是由国外影视剧集的资深迷发展而来，因此字幕组参与者的动机与使用者的需求有相似之处。正是因为众多字幕组的参与者来自使用者，所以字幕组才能更好地了解特定网民群体的需求，满足其对某些节目和作品的需求。

"谋求在线上虚拟社群的归属感"是维持字幕组正常运转的核心要素。亚伯拉罕·马斯洛认为，人的需求从低到高分为

---

① Flypig. 一个字幕站长的故事［EB/OL］. https://www.douban.com/group/topic/63179301/.

五个层次，分别为生理需求、安全需求、情感和归属需求（社交需求）、尊重需求、自我实现需求。字幕组成员早就超越了基本的生理和安全层次，上升到了较高的精神境界，集中表现在社会需求、尊重需求和自我实现需求三个方面。很多成员会因为归属感而留在字幕组内，在这里他们可以认识很多志同道合的人，做字幕的同时畅聊各自的学习与其他经历，在基于网络构建的虚拟社区中建立新的社交关系。一般而言，基于互联网的社交关系本来就存在一种虚幻感，它并不像现实中的关系那样涉及诸多利益。在精神的共鸣之下，越来越多的青年在字幕组活动中确认自我价值，精神伊甸园的形成满足了青年群体的社交与自我实现需求。字幕组为很多志同道合的青年一代提供交流的平台，将个体力量凝聚起来加以充分利用，共同完成字幕组的工作。在工作中，字幕组的成员们互相交流做字幕的心得，遇到困难时互相帮助，长此以往，字幕组成员之间的感情愈发深厚。于是，来自天南海北不同年龄段、不同职业以及不同生活轨道的人自此生命中有了交集。

精神伊甸园的存在固然美好，但这并不意味着基于精神伊甸园建立起来的青年虚拟关系就坚不可摧。字幕组的人员数量多且流动性强，不同小组间全靠组长和骨干组员联系，大部分成员间的线下联系极少。与此同时，另一个问题便是组内矛盾。著名的"风软字幕组组长集体出走"事件曾经震惊网络，起因就是组内成员不和，组长负气出走，最终导致的结果就是"风软"一蹶不振，逐渐失去了原来在美剧字幕组中的领先地位。虽然这仅仅是个例，但一定程度上也能反映字幕组内部存在的问题。从"风软"事件可以印证，一个丰富与活跃的社交群体离不开群内成员们的互相尊重，群成员都是以无差别的自愿翻译劳动者、聆听者、传播者、分享者的多重身份存在，每个个体都享有独立人格。即便成员须服从一定的组内管理准则,但任务分配还是基于系统内部自愿劳动的自我选择。这种以自我选择为主的自由分配必须建立在对个体要素的充分尊重与理解上。

字幕组在译制完成的作品中一般是匿名的,但匿名不代表不留名,每个字幕组都有自己的一整套"署名规则"。为了区别于其他翻译群体,字幕组会在自己完成的作品上标出所有参与人员的网络 ID——即便只是虚拟名号——这也表示着对其努力与付出的肯定。此外,有些字幕组内的成员可以根据自己完成任务的数量来获得网络社区内的级别和特权奖励。虽然只是虚拟奖励,但对于喜爱美剧、韩剧等的人群来说,这些奖励在某种程度上要比金钱贵重得多。成员们也十分乐于通过翻译劳动获得虚拟奖励,以这样的方式实现自我价值。

字幕组为渴望了解外来文化却有语言障碍的普通网民群体提供了便利的渠道,使得更多的网友能够及时跟进某些域外文化而不必受传统媒介方式的束缚。字幕组扮演着义务文化搬运工的角色,满足了这批网民对异域文化作品的需求。从普通网民的角度来说,他们对于国外热门影视剧集的追捧除了因为其相对国内影视制作来说质量较高及个人兴趣取向外,很大程度上是由于影视作品中展现了异域国度的日常生活,通过观看这些剧集可以直接感受异域文化与风俗。从译制作品的种类来说,除了以翻译热门外国影视剧集为主的字幕组外,目前国内还存在很多关注相对小众的节目的字幕组,比如专做日本综艺节目的"伦敦之心"字幕组、迎合成年二次元受众兴趣的"樱都"字幕组等。互联网时代造就了字幕组的分层、分类、分众,是传统影视时代所难以想象的。

在 Web 2.0 时代,人们既是传播的接受者同时也是内容的生产者,人们学会了对信息进行自主筛选并且做出反应。字幕组中那些积极性高、运用能力强的年轻人,为了满足内部成员和外部更多网友的需求,会建立起自己的论坛、qq群、微信群供大家分享内容与讨论话题。比如,"人人影视"(YYeTs)字幕组就在首页中专门添设了论坛的链接,另外还根据地域建立了不同的qq群、微信群。笔者曾经观察过"人人影视"南京粉丝群的活跃程度,每天晚上短短两三个小时,该群的对话框消息就超过了1 000条。

地下与线上

倘若只是一群青年人聚集起来干一些寻常找乐子的事,他们也许只能被算作"网络游民"。但是当这群人"瞒天过海"构建了字幕组的地下世界,打造出自己的虚拟社区,拥有自己的身份认同和内部规则,在互联网上干出"动静"的时候,字幕组作为一个特殊的"组",其网络亚文化特征就凸显了出来。

此处沿用了"地下"(underground)的概念,在于字幕组与主流影视剧的译制单位不同;而"线上"(online)的概念,在于他们依托于互联网。"地下"与"线上"相辅相成,是字幕组"玩得转"的两个必要条件。

一、"光天化日下的地下世界"

字幕组群体成员之间大多未曾谋面,只在线上交流,同时这样的交流也在整体上带有隐匿性的特征。这不禁会让人想起迪克·赫伯迪格提出的"光天化日下的地下世界"①的概念。赫伯迪格在《亚文化:风格的意义》中为我们展现了美国20世纪60年代摩登族的亚文化风格,摩登族会在放学或下班后

---

① [美] 迪克·赫伯迪格. 亚文化:风格的意义[M]. 陆道夫,胡疆锋,译. 北京:北京大学出版社,2009:67.

回家的路上玩"失踪",沉醉于"光天化日下的地下世界"(如位于地下室的俱乐部、迪斯科舞厅、时装精品店、唱片行等隐藏于"正统世界"之外的场所)。在这里,摩登族建构了他们之间的"秘密认同"。

对于字幕组来说,他们在网络上构建的虚拟社区实际上也犹如一个在"正统世界"外的地下世界。正统世界就是那些通过版权引进的方式译制的域外作品及其传播生态,与之对应的字幕组"地下世界"则是没有版权方授权,通过各种非常渠道获得的、自行翻译的作品及其传播空间。有意思的是,进入这个"地下世界"的手续,不像以往进入某个组织那么复杂。有字幕组成员这样回忆:

> 其实我美剧看得不多,一直以来算是个英剧迷。四月份的时候刚刚考完英语专八(专业八级),毕业答辩的时间又没到,于是那段时间成了我最闲的日子。有一天在射手网上下载《冰与火之歌》的字幕,本来无敌懒的我竟然鬼使神差地打开了字幕里附的文档,看到了里面的招募信息。所以很多时候啊,缘分就是这么的偶然,就是一个双击鼠标的时间!

"虚拟社区"又称虚拟社群,这一概念由美国人霍华德·雷格德(Howard Rheingold)提出。他在《虚拟社区》(The Virtual Community)一书中将虚拟社区界定为"一群主要媒介为计算机网络彼此沟通的人们,彼此有某种程度的认识、分享某种程度的知识和信息、相当程度如同对待友人般彼此关怀所形成的团体。网络虚拟社区强调的是共同的精神状态和生活方式,是一种对亲密的社会关系的解构,它更多地属于精神生活的范畴"①。"TLF"字幕组在其微博上曾经发起过一次征文，号召成员都来谈谈自己与字幕组的难忘故事。有人是这么写的：

> 翻译字幕这种事是会上瘾的。每次接到任务（每次听都觉得像特工组织），它的优先级就成了最高的，工作的时候也抓心挠肝地惦记着。当终于没日没夜把一部字幕熬出来的时候，自己先被自己感动得不行。如果一不小心再得到个把夸奖，就更不用提那种无与伦比的成就感了。当然，每完成一部字幕总会有疲惫不堪的感觉，心想这回我要好好休息了！起码一个月都不要碰字幕！其实还是忍不住隔三岔五地去刷新任务清单，看见好片子就故态复萌。

各家字幕组在网上形成了一个个虚拟社区，开设论坛、讨论群、主页、专区等，也形成了各自的规范与机制。加入字幕组虚拟社区，一般需要注册，获取会员ID。有了ID只是第一步，在这个社区里面的表现更为重要。此外，如果申请参与字幕组工作，还需对申请人的能力进行筛查与考核，比如申请参与时间轴校准，除了对申请人电脑操作系统有兼容性的要求外，还要接受听说能力的考查和测评，而有些高阶字幕翻译甚至要求有相关的专业语言等级证书。字幕组规模越大、翻译的内容越专业，其准入机制就愈加严格。以TLF字幕组为例，由于服务器限制，字幕翻译论坛关闭了日常注册，不定期通过字幕组的qq群、微博、论坛等渠道公布开放注册的日期。

---

① 转引自雷蔚真. 网络迷群与跨国传播——基于字幕组现象的研究［M］. 北京：中国传媒大学出版社，2012. Howard Rheingold, *The Virtual Community*. 本书的电子版网址参见 http://www.rheingold.com/vc/book/.

曾经的 TLF 字幕组网站首页截图

  字幕组为了规避影片版权问题，很少将译制完的作品发布在公共平台。因此，国内各大字幕组大多拥有自己的主页和相关平台，一般来说主页用来发布最新影视作品等热点文本，平台则有非常复杂的设置和讨论区。以"TLF"的网站为例，其主页上主要包括论坛、字幕下载资源、声明、招募、译者名录五部分内容，字幕组论坛主要由站务区、影视专区、字幕专区、游戏专区、音乐专区、动漫专区、教育科学文化专区、休闲娱乐区、资格申请及审核专区、主力 FTP 下载区、PUB 专区、P2P 专区、会员交流 FTP 区等 13 个专区组成，每个专区内部还有细分的板块或主题，由专门的版主进行管理。字幕组论坛有严格的管理制度，管理员有着很高的权限，负责定期审查会员情况，违反制度的行为一般由管理员负责处罚。

二、身份认同与线上规则

  一个成熟的字幕组社群，往往伴随着成员对群体的认同。

首先是线上身份的认同,人们在虚拟社区中常常会隐藏现实中的社会身份,转而扮演虚拟社区需要的角色。字幕组成员的年龄、地域、职业、爱好不尽相同,但当他们处在一个虚拟社区里时,他们参与的活动都是朝向一个统一的目标,即尽快译制某部域外作品。因此,该认同机制只发生在观看、译制、交流、分享等字幕组的工作阶段,所有人抛却了现实社会的身份,转而在线上完成分工与合作。其次是群体内规则与规矩的认同。一个成熟的字幕组,其成员默认服从规范与惯例,遵循优胜劣汰和潜水踢出的规则,除了核心成员外,其他成员必须贡献自己的时间与知识。此外,还需要注意以下几点。

第一,字幕组成员在内部互相认同,但是大多保持交往的匿名性。根据笔者在 TLF 字幕组工作的亲身经历来看,组员们在 qq 群中聊天时往往隐瞒自己的真实姓名、性别、年龄和职业,以网名进行交流,有的组员论坛 ID 和 qq 昵称并不相同,在这两个虚拟社区里扮演着不同的角色。这种虚拟角色在组员之中逐渐形成默契,并不会有人刨根问底去拆穿。通常字幕组会在影片的开头或结尾署上译者的名称(通常是其论坛 ID 或 qq 昵称),组员看到字幕里自己的 ID,意味着自身的角色在社区中得到了认可,个体的社区身份得以确认。作为"虚拟社区"身份符号的显在,ID 与 qq 昵称皆具有较大随意性,甚至有的字幕组成员可能每次译制都使用不同的 ID,除了出于对

字幕中译者给自己取的 ID

自身"地下"身份的考虑外，他们也希望通过 ID 传递情绪，留下一个个"网上的传说"。

第二，字幕组成员通过多元互动的方式完成任务。现实生活中，大部分字幕组成员都有自己的职业和社会身份，他们也许只是为老板打工的人，做着自己不一定喜爱的工作，而在网络字幕组的工作中，他们获得了自我身份认同，在字幕组中找到了归属感。网络字幕组为他们提供了一个渠道，让他们在粉丝群体中得到认同，实现价值，建构了新的自我社会身份。虚拟社区的互动模式是去中心化的，它将成员原先的社会身份和社会角色打散并重构，现实中的等级制度在虚拟社区中被瓦解。从字幕组发展的历史来看，最早的字幕组及其成员大多来源于论坛，他们对发帖、回帖的交流方式有着特殊的感情，这是字幕组迷群的雏形和最初建立的基地。近几年，由于外界环境的种种变化，公开字幕组论坛逐渐消失，取而代之的是微博账号、qq 群、微信群等，形成了一个相对封闭的网上组织系统。字幕组的官方微博是字幕组与普通网民互动的一种新兴平台，各大字幕组通过微博发布作品信息，与组员和网友交流互动，通过转发、评论等方式加深了迷群之间的联系和认同，不断提高字幕组的影响力和知名度。

第三，身份认同依赖严格的社区规则。根据笔者的体验，新人要入组首先要加入字幕组的 qq 交流群，这个交流群主要由有意向加入字幕组却又对字幕组的工作内容不甚了解的爱好者组成，成员往往多达数百人，相当于字幕工作的人才储备库。群成员的聊天内容以字幕组答疑、字幕作品共享、影视剧交流为主。由于不断有新人加入，而 qq 群有一定的人数上限（通常是 500 人），群主会定期清理一些不参与发言互动的群成员。要想正式加入字幕组，交流群的成员需要向群主发送"申请外语水平测试"的邮件，介绍自己的基本情况并表达自己的意愿，群主会回复一封测试邮件，里面通常包括外语短文和一些电影片段，要求申请者在规定的时间内完成翻译测试。经群主审阅合格后，申请者会被批准成为新人，然后加入字幕组新人 qq 群，和其他组员认识并互动。新人要想很好地融入字幕组，不仅要与组员们保持良好的关系，更重要的是还要有贡献，也就是完成字幕组的翻译任务。通常组员可以在自己的小组内认领任务，或者在负责人征集工作人员时主动申请参与。新人如果长期没有接手翻译任务，就会遭到淘汰，只有积累了一定的经验，并且翻译作品得到了字幕组核心层的认可之后，才能成为资深译员，并获得校对资格。笔者接触到的字幕组校对员中，大多是完成三部以上电影字幕翻译并得到大家认可后才开始接手校对工作的。字幕组的翻译任务通常由组员协同完成，这样的工作模式有利于增进组员之间的交流，例如做电影字幕的翻译至少可以认识一名校对员和一名后勤管理员，通过相互之间的交流与合作，组员能够更好地融入字幕组，从而产生对字幕组的认同感和归属感。

"为爱发电"与文本再造

从西方传统亚文化角度分析，字幕组似乎是一种关于抵抗与建构的文化形态，然而根据笔者的观察，中国的字幕组更像是一场轰轰烈烈的大众文化之旅，或者说是以追逐异域文化特色为目标的粉丝文化行为。"为爱发电"是字幕组成员常说的一句话，意思是为自己喜爱的东西付出时间、精力、金钱，不计算世俗意义上的经济成本。

一、参与热情与文本再造

香港中文大学新闻传播学院的邱林川教授认为，网络已经不单单是一种物理存在的生产工具，它更是一种新的生产方式，一种可以把非物质劳动集腋成裘，再转化为资本积累的生产活动。他提出，近年来信息产业网络化的一个重要发展是开始依靠"义工"的志愿劳动来达到资本积累的目的。这样的发展很隐蔽，却"将信息产业的社会化大生产推到工厂流水线、电讯服务业和小商铺以外的时空，推到我们的书房和任何可以手机上网的地方，推到我们的闲暇空余时间"①。字幕组正是这种利用闲暇时间进行社会化文化内容生产的一个例证。借助信息技术和网络，字幕组能够以兴趣为起点，集结大批志同道合的人。每一位字幕组的工作人员都既是网络文化内容的消费者，同时也是生产者，"他们之间以同侪交换的方式进行协同创作，并将最终的成果免费共享给其他感兴趣的网民……他们利用自己对语言或技术的掌握，花费一定的时间和精力，对原作品进行进一步的深加工，使其适合本土观众观看"②。

  "原教旨"意义上的字幕组一定走的是非商业化路线，由爱好者自发组织成立，对内不提供经济报酬，对外也没有经济行为，只提供组内的一些特权，比如优先下载影视作品或者下载高清版本的影视作品、快速下载影视作品等"特权"。以美剧字幕组为例，加入字幕组的成员大多数是美剧迷，或者对欧美文化特别感兴趣，他们工作的动力源于自身的热情和爱好：为一部自己喜欢的、只有外语对白的剧集做出一套符合中文语言风格的剧集字幕，分享给网友并得到认可，能够获得极大的精神满足。曾在"人人影视"字幕组担任过某个组组长的网友"洋芋丝"透露："只有成为字幕组的骨干，才能得到一个VIP

---

① 邱林川. 新型网络社会的劳工问题 [J]. 开放时代，2009 (12)：133.
② 曹晋，张楠华. 新媒体、知识劳工与弹性的兴趣劳动——以字幕工作组为例 [J]. 新闻与传播研究，2012 (5)：45.

的国外服务器下载账号,可以无限制地下载观看国外影视剧,能最快地看得到最新的东西。"

字幕组常年招募新的参与者,招募信息通常通过两个途径发布,一是在各类平台上发布,二是在其作品或其他宣传文字材料中,打上招募广告。招募信息主要包含以下内容:组织简要介绍,加入者需要符合什么条件,加入字幕组能够获得什么以及相应的联系方式,等等。以下内容摘自 TLF 字幕组和人人影视字幕组的招募帖。

TLF 字幕组的招募帖:

> Q:加入 TLF 字幕组翻译字幕需要什么条件?
>
> A:一、您是一位影视爱好者,并对翻译创作感兴趣,此条必须;二、您的生活和谐,兴趣爱好不能影响生活,此条也必须;三、您有一定的外语基础,此条没有硬性要求,只要您能创作出符合要求的字幕就好;四、您有一定的空闲时间;五、您有较为便利的上网条件。①

人人影视字幕组的招募帖:

> 需要喜欢美剧,网络下载条件好,电信 200K,或者网通 200K 的下载速度,学习能力强,聪明伶俐可爱,平时有比较固定的空闲时间的爱好者加入……YYES 美剧组全部是由喜欢美剧的爱好者组成,我们没有以此进行商业谋利,加入仅凭个人爱好,没有金钱回报,但是我们有丰富的网络资源给工作组成员分

---

① TLF 招募公告 [EB/OL]. http://sub.eastgame.org/招募.

享，成为正式工作组成员之后你将获得所有服务器的下载权限……因为你想要的我们服务器基本都有！丰富得你无法想象！①

  从以上两则招募帖来看，无论是公告内容还是发布渠道，都对参与者做了最基本的限定，即需要"对翻译创作感兴趣"或是"域外影视爱好者"，这也再次印证了字幕组的粉丝身份。约翰·费斯克把大众文化的粉丝看作有生产力的群体，他们对大众文化的迷恋促使他们对文本进行重构和再生产，一般的大众文化爱好者或许只停留在对文本进行欣赏和评论的层面上，而作为高段位的大众文化迷群，字幕组对文本的改编必然是积极主动的。网络字幕组成员通过翻译与传播，重构了原始文本，体现了粉丝的生产力，显示了不同文化个体解读同一个文本的角度与尺度。后面我们还会谈到，作为个体的翻译者在文本重构过程中融入了更多自我的想法和创意，形成了一种新的文本。

  前面讲的是热情，以下讲对文本的再造。以美剧的翻译为例，由于中外观众在知识储备及文化背景等方面存在着巨大差异，字幕组在翻译的过程中会尽可能地帮助观众去理解西方历史、地域文化、宗教习俗等，通常翻译出来的语言也更加生活化和通俗化，往往还会使用一些国内观众耳熟能详的成语、习语和流行语。如"三人行，必有我师""善有善报，恶有恶报"等，再如"雷人""杯具""坑爹"等都会恰如其分地出现在字幕中。同时，字幕组还会为剧中涉及美国俚语或者典故的台词，加上一些注解，这一方面有助于观众更好地理解剧情发展脉络，另一方面也普及了西方的历史文化知识。因而，字幕组

---

  ① 人人影视招募公告［EB/OL］. http://www.yyets.com/Announcement.

成员必须对西方文化有着较为深入的了解,并且熟悉中西方思维模式和表现方式,在解读文本过程中发掘言外之意,并用中文合理地表达出来。从当年严复对翻译提出的"信达雅"标准,到字幕组的"神翻译",谈的都是忠于文本与超越文本,基于母文化与基于洋文化的问题。

二、粉丝文化及溢出效果

字幕组文化也与粉丝追星行为密切相关,很多字幕组都是从某个明星、某个媒体、某类节目起家的。从这个意义上说,字幕组文化是一种亨利·詹金斯所言的"文本盗猎者"文化形态。作为粉丝的字幕组成员是在节目方式上的主动消费者、熟练参与者,是通过借来的材料建构自己文化的游猎式的"文本盗猎者",是勇于争夺文化权力的斗士。在约翰·费斯克看来,追星族与追星文化是抵抗主流文化意义的一部分,他在《追星族的文化经济》一文中说,追星文化即是对主流文化意义的抵抗,追星族与主流价值系统所鄙视的文化形式有着密切的联系。费斯克认为,粉丝与文化工业之间并非简单的对抗或合谋关系,粉丝"为文化工业提供了一个巨大的'额外'市场……为文化工业部门提供了许多宝贵而又免费的有关市场趋势和偏好的反馈"[①]。

让我们通过一个具体案例来分析作为粉丝群体的字幕组是如何作用于现实文化产业的。2013年年底到2014年年初,一部名为《来自星星的你》的韩剧在中韩两国掀起了一阵收视狂潮。该剧每周三、周四晚上在韩国SBS电视台首播,每天更新一集,在韩国一开播就以首集20%的收视率远超上一部大热韩剧《继承者们》,此后收视率一直保持在20%以上,稳居

---

① 陶东风. 粉丝文化读本[M]. 北京:北京大学出版社,2009:9.

韩国收视第一。见状之后,买下中国播放权的国内网站放弃了邀请传统译制片团队的做法,转而邀请国内最知名的韩剧字幕组"凤凰天使"来译制。电视剧每一集在韩国播出后半个小时内,"凤凰天使"字幕组便拿到片源,通常由4到5个翻译分段初步译制,用大约一个小时完成翻译,再用一小时做时间轴和校对、审稿工作,最后用半个小时压制以及传送给合作网站。从国内视频网站的播放量来看,2014年2月14日,《来自星星的你》刚更新到15集(共21集),其在PPS、乐视、爱奇艺、迅雷看看等视频网站的播放量就已经超过10亿。在该剧播出的夜晚,即使过了凌晨两点,这部电视剧的百度贴吧以及qq群里还是一派焦灼的氛围。许多铁杆粉丝熬夜等待剧集的更新,在等待的过程中通过发帖、回帖对这部韩剧的剧情、主人公进行深度探讨,形成了由电视剧迷组成的粉丝圈。

《来自星星的你》在中国播出后,很快从网络空间蔓延到了普通百姓的生活中,观剧的粉丝效应引发了一系列溢出效应。剧中出现的"下初雪吃炸鸡配啤酒"的情景,让餐厅的同款套餐热卖,冷冻鸡翅畅销;剧中男女主人公的服装也成了粉丝们追捧的对象,在淘宝网输入关键词"来自星星的你",出现了2.72万件产品记录,有网店月成交量达2 159件;剧中男主角都敏俊阅读的《爱德华的奇妙之旅》一书的中英文版同样出现了热销,购得同名小说中国大陆发行权的新蕾出版社表示,受电视剧热播的影响,这本书已紧急加印,除平装版外,还会再版精装版;有的粉丝直接在报纸上买了一个整版广告,来预祝男主角"都教授"的扮演者金秀贤情人节快乐、生日快乐,情人节当天,金秀贤遭遇中国粉丝登报整版告白……①一个由粉丝行为催生的市场就这样建立起来。

虽然在这个案例中,"凤凰天使"是以配角的身份出现,但是其译制能力与网络号召力,也是助力《来自星星的你》在国内热播、热议的关键。试想如果片子译制速度慢,等到夏天播出,"下初雪吃炸鸡配啤酒"还有可能在国内线下复刻出来吗?另外,"凤凰天使"本身的网络号召力与传播力,也值得重视。在试听产品不够丰富的年代,一部影视剧更多要从版权上获取回报,而当下我们已进入"注意力经济"时代,观众的注意力可能是比剧集更稀缺的资源。从这个意义上说,字幕组能够吸引注意力,其本身就参与了影视作品的传播与获得回报的过程。从更宏观的角度看,字幕组助推了域外制片商在国内的成名,甚至助推了"韩流"文化向中国的再次辐射,这些溢出的社会效益和潜在的经济效应,都是值得我们做全要素分析的。

三、亚文化风格与中国特色

字幕组的亚文化特征还反映在其翻译风格与元素调用上。其一是字幕组翻译的风格趋向网络化审美,很多网络元素被展现得淋漓尽致;其二是结合中国特色的文化语境,往往有跨文化的神来之笔;其三是青年自我意识的充分挥洒,与此同时爱国情怀也得以凸显。

网络是青年一代活跃的舞台,网上流行开来的东西也会被利用到字幕翻译中去,众多"神恶搞""神回复"层出不穷,令人拍案。例如翻译美剧《破产姐妹》的 orange 字幕组对 "Because I guess he wants people to take him even less

---

① 《来自星星的你》引发7个经济学效应 [N]. 西安晚报,2014-02-19(16).

seriously"是这样翻译的,"他应该是患了不被当笑话就会死的病"。其实,"我得了一种不……就会死的病"是曾经的网络热语,网友们经常用此来调侃各种强迫症,它还来源于著名动漫《海贼王》中的人物乌索普的口头禅。随着《海贼王》的热播,这句话也迅速风靡,还以"超文本"的方式进入了美剧翻译。再如《怪兽大学》中的一句"But I am a Sullivan"被翻译成"但是我爸是李刚!"Sullivan是电影中享有盛名的古老家族,与现实中"我爸是李刚"事件有着巧妙的契合。字幕组对网络流行语的灵活利用,体现了青年译者群体幽默、时尚的特质,是一种"业余的专业"。

将时事热点、本国表达植入翻译,是常见的制造"梗"的方法。透过看似恶搞的表象,我们可以发现字幕组对于生活的关注、洞察和思考。在很多语境中,字幕组以积极的姿态充当社会参与者与评论者,对民生热点话题保持密切关注,承担了普及者、评论者、探索者的不同角色。例如电影《糊涂侦探》中的台词"He was just a local horse groomer I hired to drive me around. It is a tragic story. He is quite deaf. Really not bright",中文字幕的翻译被缩略为"他喝了三鹿牛奶,结果就这样了"。再如《生活大爆炸》中出现的一句"Penny is cuckoo for cocoa puffs"被翻译为:"Penny亲你的次数就跟脑白金广告一样多。"三鹿的"问题奶粉"和脑白金重复播放的单一广告都给观众留下颇为尴尬的印象。字幕组用这样的翻译来表示对现实中部分企业的不满,讽刺个别商家为了利益不择手段。青年群体对社会的看法、对日常生活中细节问题的思考,在字幕组的翻译中不经意流露了出来。

字幕组使用中国古典诗词来翻译日文字幕,并且还加上了注释

字幕组在一定程度上对主流文化有回应、有思考,同时也具备了强烈的主体意识。例如美剧《尼基塔》中有一句"This place has more jamming than a Santana concert"被翻译为:"这里的信号屏蔽比四六级考场都好。"四六级考试是中国大学生必须经历的考试,在测试学生英语水平的同时也因其古板单调的模式成为不少学生的"吐槽"对象。字幕组一方面利用这种方式来表达自己对传统教育模式某些方面的态度,同时也几乎可以确认会引起学生群体的共鸣。再如,《大魔域》中的一句"Stop daydreaming. Start facing your problems. Okay?"被有的字幕组翻译为:"少做白日梦,从现在起,求真务实,做个好娃娃,懂不?"翻译中融入了流行用语,在此处也没有违和感。

尽管字幕组译制过程需要实现"自我",在自我的基础上实现"价值",但是这并不意味着他们就站在传统文化和主流思想的对立面。这一点从2008年西藏"3·14"事件发生前后，国内多家字幕组的反应中可见一斑。当时"风软"字幕组正在翻译的《辛普森一家》第六季，从15集到22集每一集的片头字幕中，都会出现用醒目的红色字体插入字幕的"英文宣言"——"Tibet was, is and always will be a part of China."（西藏过去是，现在是，永远是中国的一部分）。这一句"宣言"以英文形式出现了8次。另外在第16集中，"小辛一家和中国人民一起维护国家主权，反对任何分裂行为"这句话以中文形式出现了10秒。从中可以看出字幕组对国家主权的维护及其成员们的爱国情怀。刘易斯·科塞认为：亚文化群落一方面有一些与其主流文化相冲突的特征，另一方面，其大部分实践和信仰与主流文化是相同的。因此，即使他们具有反叛性，但这种反叛性也并不能达到一种鲜明的对抗。[①]

毋庸讳言，字幕组作品中也有"三观不正"的，但是无论是从"出了国才更爱国"还是从"当代青年可以平视这个世界"的角度看，字幕组中的年轻人在大是大非问题上，还是有着令人欣喜和敬佩的立场的。

---

① 转引自高亚萍. "亚文化"视野中的青年流行文化 [J]. 中国青年研究，2003（5）：67-72.

> 凡是合乎理性的东西都是现实的,凡是现实的东西都是合乎理性的。
>
> ——黑格尔《小逻辑》

协商共进:
文化竞合视阈下的字幕组

字幕组与本国文化发展

互联网推动了字幕组的扩大再生产,将印刷时代、电影电视时代的个人翻译与小规模分享演化成了大规模的"网络文化割据"。字幕组又成就了用户,成为一部分用户丰富自我文化的一种选项。域外文化内容在网络空间经过搬运、转译和二次创作等流程,实现了与主流文化的共处。

一、大众文化新的"需求侧"

前互联网时代,国外影视作品在中国的译制和放映属于国家主导的文化交流。观众收看的渠道比较单一,无非是电影、电视、录像带、光碟几种形式。出现在国内的域外影视作品,通常都是以中文配音或中文字幕的形式传播的,如影院上映的国外电影,电视剧频道"海外剧场"栏目播放的国外电视剧,以及电影频道播放的国外电影等,这些就是所谓的"译制片"。改革开放以后,曾经有过一个译制片和配音演员的辉煌年代。《虎口脱险》中尚华、于鼎堪称珠联璧合的配音,将法式幽默表现得淋漓尽致;《魂断蓝桥》中刘广宁、乔榛的完美演绎让这部在欧美原本非常普通的影片成为中国影迷心中的爱情经典;《茜茜公主》中丁建华和施融恰到好处的表现让这个王子与公主的童话成为中国观众的最爱;《叶塞尼亚》中李梓的一句"喂,当兵的……"让美丽泼辣的吉卜塞女郎呼之欲出;《佐罗》中男主角富有磁性的声音让无数人迷上了童自荣;《简·爱》让邱岳峰演绎的罗切斯特成为一座不可逾越的丰碑;《追捕》中冷峻刚毅的杜丘警长让毕克成为高仓健所有中文"代言人"的不二人选;群星荟萃的《尼罗河上的惨案》更是成为配音教学的经典教材。

一代人有一代人的回忆，在文化产品供给不充分的年代，看一场译制片电影可以让人回味良久。随着大众对文化产品消费需求的日趋旺盛，大众文化"需求侧"的问题凸显出来。从全世界范围看，互联网进入民用领域之后很快就与文化娱乐紧密绑定，如今网上影音（包括掌上影音）在很大程度上分流了观众的休闲时间。从国内情况看，各家网络视频平台等成为影视剧传播的新型渠道，这些平台设有国外影视专区，有相应的译制团队。但由于引进片源的版权费用、数量配额、文化差异等原因，更多的"资源"仍被"隔离在外"。有媒体统计过，"爱奇艺"平台2019年引进美国影视剧29部，这个数字在国内已经算数一数二，但在整个域外影视剧市场的"汪洋大海"中只是九牛一毛。由此，需求的旺盛和供给的不足，产生了字幕组作为非官方途径的文化供给。

二、和"译制片"的区别在哪？

　　据统计，央视电影频道的进口影片主要是配音译制版，约占其所有播出进口影片的九成左右。与单纯的字幕翻译不同，配音译制版去掉了原版中的人物原声，由配音演员重新塑造影片中人物的声音。配音要考虑的一个重要因素就是对口型，要使中文配音的时间长度和原声基本保持一致，甚至要照顾到每句台词第一个音节和最后一个音节的嘴唇开合。译者在翻译时首先要考虑到演员的口型变化及言语的长度，然后再在尊重原文的基础上译出通顺的中文台词。同时译文还要求符合口语化表达、生动形象、适配人物性格特点等，要做得好并不容易，一直被诟病的"译制片腔"也与此相关。字幕组的翻译工作则主要考虑文字的时间和空间两个因素。时间因素是指字幕和图像的同步，一条字幕停留在屏幕上的时间大约是2—3秒，在这段时间内要让观众比较从容地阅读字幕，因此字幕不能太拗口。空间因素是指屏幕上最多可以容纳的字符数，一般而言屏幕下方的字幕不能超过两行，这样能让观众在观看字幕的同时兼顾画面，避免目不暇接和顾此失彼的现象。相对于配音译制，字幕组的翻译没有口型上的限制，因此在翻译句式表达上更加自由，但是对观众的反应速度要求更高。所以，字幕组式的翻译更适合中青年观众。

在胶片电影时代，国内最有名的译制片机构是长春电影制片厂译制片分厂、上海电影译制厂、八一电影制片厂译制片部、北京电影制片厂译制片部等。进入电视时代，电影厂也在为电视剧提供翻译和配音服务，此外也出现了各类译制片公司。一个译制片团队往往包括译制导演、翻译、录音、合成、配音演员等专业人员，而且还要有录音棚、投影仪等专业设备。与译制片的专业译制团队不同，字幕组成员都是从网上招募的，是对外国影视剧有热情同时乐于奉献个人时间的普通网民，在校大学生、留学生、刚刚工作的白领是其中的大多数，极少有专业翻译人士。在译制片的制作中，翻译的工作通常由一人独立完成，虽然后期导演和其他技术人员还会进行把关，但承担主要翻译任务的一般只有一个人。不同于官方字幕翻译的"单打独斗"，字幕组译制的时间要求和任务要求决定了它必须讲求协作，通常一部电影字幕由4到5名翻译和1名校对合作完成，其翻译风格的统一、翻译内容的修正和查漏补缺也都有专门的人员负责。

译制片具体的制作流程是：译制单位的专业人员依据供片商随片提供的详细的原文台词剧本翻译对白，接下来由配音演员完成配音，最后在影片上叠加中文字幕。在此过程中，译制导演和配音演员起着重要的作用，不仅要对翻译和配音进行把关，往往还要指导配音演员根据电影的主题、情节、人物等元素进行声音上的二度创作。"被他否定的，他将在权力许可的范围之内予以删节；被他基本肯定但又感到美中不足的，他会考虑如何在译制过程中，给原作以补充和丰满。尤其在配音这个艺术环节中，导演和演员发挥二度创作的余地较大，原片的不足可以得到最大限度的弥补。"① 和译制片不同的是，字幕组翻译的影视作品通常避开了正式发行渠道，因此不会像译制片一样有供片商随片提供的原文对白。字幕组获得原文台词剧本有两种途径，一种是从视频文件系统或者通过声音识别软件从音频中提取而来，在这种情况下字幕组的工作量相对较小；另一种是依靠听译完成字幕的翻译，即先听懂原语言对白，再将其翻译成中文，这种情况下制作字幕的工作量就比较大了。

上海电影译制厂创作部副主任程玉珠曾说过，考虑到CCTV-6这一电视平台面对的是整个国家的观众，翻译太过个性化，会不被一些人接受，故绝不会采用那些个性化甚至方言化的翻译。CCTV-6作为电视媒体，需要考虑到全国各层面观众的总体情况，包括他们的受教育状况，以及对外来事物的接受程度，配音版更为适宜年龄稍大的观众。② 当年在电影频道节目中心工作的亚宁提道："年龄稍大一组的观众在接受调查时几乎全部选择了收看配音版，其原因为跟不上字幕的变化。"相较电影院和电视频道的翻译，字幕组的翻译自由度明显要高得多。网友普遍反映字幕组的翻译短小精悍、言简意赅，甚至于还贴合时事，混杂着方言与网络流行语。毕竟字幕组作品的主要用户是那些对外国影视作品感兴趣、希望在第一时间先睹为快的"欧美影视剧迷""韩剧迷""动漫迷"等，这些群体以年轻人居多，讲究个性。

---

① 子华. 浅谈译制片导演的再创作 [J]. 浙江广播电视高等专科学校学报, 2000 (4): 36.
② 亚宁. 文化和语言因素对CCTV-6进口影片收视情况的影响研究 [J]. 现代传播, 2009 (5): 64-66.

三、砥砺本土剧作的"磨刀石"

毋庸讳言,字幕组的存在冲击了现行的影视译制通道,伴随着字幕组进来的文化产品,也与主流文化生态发生碰撞。从中西文化交流的角度来分析字幕组文化的话,必须看到字幕组不仅带来了影像生产和传播方式的变化,更对国内的影视剧行业提出了更高要求。相较发达国家成熟的影视产业,中国的影视行业更侧重于社会功能。但"叫好"与"叫座"常常是联系在一起的,如果作品无法唤起观众的兴趣,那么其身上负载的社会功能也难以实现。

面对影视剧传播呈现的西强东弱的状况,字幕组作为跨文化传播的桥梁,将更多制作精良的国外影视作品推向本国观众,客观上为国内影视剧行业借鉴国外成功经验提供了极大的便利。

近年来,很多热播的国产影视剧里都能看到学习美剧、韩剧的影子,无论是拍摄方式、影像元素,还是编剧方式、叙事模式。当年以《越狱》为代表的美剧作品,在获得观众欣赏的同时,也深深影响了一批中国影视剧创作者。2011年热播的宫廷大戏《美人天下》,被观众认为是一出"宫廷版《越狱》":主角"越狱"的动机相似,只是将人物设定由一位建筑精英改为机智勇敢的唐朝侠女。此后热播的谍战剧《青盲》,剧情更是和《越狱》如出一辙。此外,国产剧《心术》里有很多场景和剧情借鉴了美剧《实习医生格蕾》;国产剧《丑女无敌》和美剧《丑女贝蒂》更是有着惊人的相似。除了美剧,一些由字幕组带热的韩剧将更多的"韩流"引向国内,2013年热播的韩剧《继承者们》以及2014年热播的《百年的新娘》都出现了中国翻拍版。尽管受到部分观众关于"抄袭"的质疑,但这些国产剧还是得到了很多观众的追捧,收视率和关注度居高不下,一度成为各大网站讨论的热点话题。

正如知名电影研究者张英进教授在论及以往"盗版电影"时所说的,盗版电影被国内编剧导演的"再使用"是他们在电影作品中创造新的互文本性与语境交互的景观的关键①,字幕组的劳动何尝不也有这样的效应?当年乐视TV的自制剧是从《新生活大爆炸》开始的,这部网络短剧模仿美剧《生活大爆炸》而成。乐视TV作为彼时的门户视频网站,虽然拥有专业影视制作团队,但在自制剧方面从未尝试,字幕组带来的美剧热,对中国影视制作者创作力的激发是始料未及的。

因此,这里确实有一个悖论,如果没有字幕组的"摆渡"与"搬运",很多域外剧集难以被中国观众所熟知,国内的影视导演、编剧也不会大面积地借鉴学习这些优秀的影视作品,但是字幕组本身的活动又游走在"灰色地带",这像极了当年很多国内导演所说的"被打口碟、盗版碟滋养了创作"。正如有的字幕组曾经声称的:"我们希望能为国产影视再造辉煌奉献出自己的微薄之力。我们制作国外影视字幕并不是崇洋媚外,而是让大家更加容易理解国外优秀的东西,将其吸收转化为己用"。

字幕组与中外文化交流

作为跨文化传播的新生民间力量,国内字幕组在很长一段时间内的确以西方文化产品为主要翻译传播对象。从一般意义上看,字幕组的跨文化传播活动对增进多元文化交流有积极意义,但在具体的操作上,字幕组的活动也带来了西方文化在国

---

① 张英进. 中国电影盗版的语境:阴谋、民主还是游戏? [J]. 二十一世纪双月刊, 2008 (6): 112-118.

内网络上的风行。我们注意到，一方面，作为网络上的"活跃的用户""能动的用户"，字幕组在实践中不断摸索，希望找到一条行之有效的跨文化传播途径，摆脱后殖民主义文化渗透；另一方面，伴随着中国文化在整体上的复苏与复兴，出现了向海外输出中国影视文化作品的字幕组。

一、主动把关与有立场的解读

霍米·巴巴、斯皮瓦克、萨义德等研究文化帝国主义的学者普遍认为，发达国家凭借技术和资本的优势对发展中国家进行文化侵略，发展中国家的文化产业依附少数发达国家，会带来国家历史、文化和价值观被扭曲和破坏的危险。在中国尚未成为强大的文化资源输出国之前，发达国家的文化产品一直占据着竞争上的优势地位，因此必须通过国家力量对本土文化产业加以保护，同时对外国文化产品的输入也进行相应的限制。

不仅在中国，西方国家如加拿大、法国、德国等，对于外国文化产品的输入也都有相应的规制。在前互联网时代，国家通过文化产品进口配额、卫星电视接收器管制等措施，基本上实现了对外来文化产品的有效管制。然而新媒体时代，新兴的信息传播技术使跨文化传播变得更加便捷与通畅，西方文化产品也越来越追逐全球营销和全球影响。

字幕组成员作为跨文化传播领域最敏感、最有语言能力的一批人，其文化观、价值观直接影响了选片倾向和翻译过程。我们观察发现，在字幕组出现的早期，个人兴趣爱好和观影口味主导了字幕组的活动，而伴随着这一群体的日益壮大，当很多字幕组开始"打品牌"的时候，他们也非常注重与本土文化之间保持和谐的关系。字幕组的行为主体是人，他们在选择和译制传播之前，都设定好了自己的价值观底线，并且做出了合适的伦理判断。

"主动把关"既是权利也是义务。字幕组在"操办"域外影视作品的过程中,会对作品进行筛选和甄别,对那些涉嫌侵害中国主权、损害国家形象的内容给予驳斥。比如,一些严重扭曲中国形象的影视作品就曾经被字幕组联合抵制过。美剧《波士顿法律》就是一个典型的案例。该作品由于充斥着对于中国人权等问题的谬读和恶意攻击,当年遭到中国字幕组的集体抗议,并集体拒绝翻译,这在字幕组的历史上值得记上一笔。事实可见,字幕组并不是"无脑翻译官",他们有自己的底线与立场,甚至是风骨。

曾翻译过《绿箭侠》的字幕组成员说:"《绿箭侠》里面有一些反华的内容,我个人很不喜欢,就不会去翻译,遇到有政治倾向的词句,我有时候会绕过,反正也不会造成剧情的断裂。"[①] 细究起来,类似的例子在字幕组日常翻译实践中非常常见,当中国的年轻人开始平视世界的时候,"文化冲击"甚至"文化休克"的现象就会越来越少。此外,近年来国内部分字幕组聚焦更具深层文化内涵、以传播知识为目的的国外名校网络公开课,也有的开始聚焦西方文明对东方文明的误解与不解,这些都体现出选择的主动性与明确的价值性。

"有立场的解读"是指在翻译域外影视作品的过程中,坚持自己的价值观念,对翻译文本进行二次加工和"中国化改造"。这是一种深层的文本重构行为,即在理解域外作品原文意义的基础上,借助本土文化中的语言符号体系对外来的概念进行再创作。通过文化背景与文化逻辑上的对接,实现跨越语言层面的深层文化沟通。举个简单的例子,欧美影视剧中经常出现"Twitter""Facebook""Google"等,字幕组通常会将其

---

① 转引自:盗火的字幕组[EB/OL]. http://www.docin.com/p-1192098644.html.

翻译成"人人网""微博""百度"等中国人耳熟能详的社交网站。另外,一些带有西方色彩的台词也常常被字幕组以另一种方式呈现,转化为"中国化"或"通俗化"的文化意象,意在削弱发达国家影视作品与一般中国观众"对不上"的问题。

二、反向输出与民间文化外交

中国需要有更多的影视作品走出去,既要有好的故事,也要有入乡随俗、入木三分的字幕译制。优秀的翻译,常常能为影视作品添光加彩,最大程度克服不同文化带来的认知差异。反之,则可能成为一部佳作出现水土不服的重要原因之一。随着"走出去"的需求增多,国内译制行业竞争变得激烈起来。

为了鼓励更多的中国电影走向世界,2016年国家电影事业发展专项资金管理委员会决定,对在海外市场票房收入达到100万元以上的国产电影给予奖励。2017年,中国国际电视总公司发起成立"影视文化进出口企业协作体",助力更多影视作品抱团出海。2021年,商务部等17部门又发布《关于支持国家文化出口基地高质量发展若干措施的通知》,要求加快发展新型文化企业、文化业态、文化消费模式,壮大数字创意、网络视听、数字出版、数字娱乐、线上演播等产业,鼓励优秀传统文化产品、文化创意产品和影视剧、游戏等数字文化产品"走出去"。在各种政策鼓励下,国产影视作品集体加速出海。

在此背景下,许多专业翻译公司,诸如甲骨易、传神语联等,开始进军影视翻译行业。2021年年底,根据"企查查"网站的数据显示,业务范围包含"影视译制/剧本翻译/电影翻译/电视翻译"等任一关键词的企业数量全国范围内为95家,其中经营状态为"在业""存续"的有69家。对于国产影视剧出海而言,译制公司会提供"翻译+配音+字幕"一站式打包服务。这种打包服务,通常按照时长计费,每分钟价格在数百至千元不等，作品需达到落地国家相应媒体的播出标准。一部90分钟时长的国产电影，译制费用通常在几万元至十几万元不等。译制过程中，相对于英语、西班牙语、法语、阿拉伯语、俄语等大语种，泰语、马来语等小语种的费用较高。

借助官方的翻译团队和商业化的翻译公司，来自中国的影视作品正在走出国门，超越传统的东亚、东南亚等华语文化圈，通过互联网抵达世界各地，用故事向全球讲述多元中国。而与此同时，一条通过字幕组实现中国影视作品对外传播的链条也值得关注，这个链条有些隐匿，不十分稳定，但是人数众多且让人着迷。

早在21世纪初，中国影视剧资源如《盲山》《活着》等就被网友自发上传至YouTube等视频网站，影片自带的英文字幕便于国外用户观看。此后对中国影视剧加配外语字幕的活动也逐渐流行起来。近年来翻译的语种更加丰富，诸如古装剧《三生三世十里桃花》的英文字幕版在YouTube上热播后，网友又自发将其翻译成法语、西班牙语等其他5种语言。

但这种行为存在侵权风险，国内影视剧的版权方往往做出的选择是"赔钱赚吆喝"。在这个问题上，新加坡的ViKi平台正在改变这一状况，其与中国的影视剧发行商、制作商及播出平台合作，付费购买播出版权，再将剧集开放给网友"众包"翻译。华策影视、华录百纳、世纪优优、湖南广播电视台、香港TVB、台湾地区各大电视公司等均是其合作伙伴。2011年，湖南卫视播出的清朝穿越剧《步步惊心》登陆ViKi平台，风行一时，迄今已被配上43种语言的字幕，评分高达9.3。2016年，华策影视制作的奇幻爱情剧《我的奇妙男友》通过ViKi实现海内外同步播放，迄今海外播放已达480万次，评分高达9.6，被翻译成24种语言。借助ViKi平台，《琅琊榜》《步步惊心》《欢乐颂》《伪装者》等热门国产剧也在海外观众中广受欢迎。

随着中华文化影响力的出圈，也出现了外国人组织字幕组翻译中国剧的新景观。专注于将中文、日文、韩文等亚洲剧集翻译成西班牙语的字幕组"Kiri Asian"就是一个案例，该字幕组的创始人、来自哥伦比亚的洛雷娜·特雷霍斯迷上了古装剧《琅琊榜》之后，靠着英语字幕和翻译软件"啃"下了这部彼时没有西班牙语字幕的"生肉"。长期以来，由于语言障碍和文化差异，大多数西班牙与拉丁美洲受众对中国影视剧知之甚少。2016年年末，特雷霍斯在Facebook上创立了"Kiri Asian"，一年半之后"Kiri Asian"已吸引约45名成员加入，成员遍及美国、墨西哥、阿根廷、智利、西班牙、德国等。通过网络在线合作，"Kiri Asian"启动了60多部中国影视作品的字幕翻译项目，包括古装奇幻剧《择天记》、都市爱情剧《杉杉来了》等。这些作品大约有一半可以在网上找到已有时间轴的英文字幕，另一半未带时间轴字幕的剧集则需在翻译前打轴。以民国传奇剧《人生若如初相见》的字幕翻译为例，特雷霍斯与中国本土的某字幕组合作，由"Kiri Asian"先将整部剧集打好时间轴，中国的字幕组借助该时间轴文件进行中翻英工作，"Kiri Asian"再"英翻西"并处理后续流程。目前，Facebook上"Kiri Asian"页面已有数十万粉丝，也开设了自己的网站。

随着各种网络自发的"中剧外翻"，外国网友的欣赏口味亦在逐渐改变。特雷霍斯介绍，在已译制的剧集里，历史剧与现代剧对半开。现在越来越多剧迷开始请求翻译历史传奇剧，因为中国的历史是如此精彩且具有传奇色彩，历史传奇剧可以传递远超剧情本身的更多文化信息。而与"Kiri Asian"的合作，也是中国字幕组的一次试水。中外字幕组的网上合作存在更多的不确定性，但是外国字幕组可以帮助中国字幕组在国外建立新的传播渠道。国外字幕组就像旅行社中的地接社,"中国影视剧走出去"这项工程不妨借助这个民间渠道,以民间文化外交的方式吸引更多喜欢中国文化的人。通过常规译制途径与民间字幕组的努力,国产剧正在世界各地打开局面,将中国人过去与现在的生活方式,中国人对情感、生命与世界的价值判断传递给各国受众,让中国的文化与声音向外辐射。①

有字幕组成员打趣地说,希望有一天美国人都看英中双字幕的片子!虽然这是一句玩笑话,但是已经有相当数量的字幕组开始将中国的影视剧翻译成英文,向欧美的"中剧"粉丝传播。纵然这些影视剧目前大多集中在功夫片、历史剧等类型,但是能让外国人弄清楚"娘娘""格格""才人"的区别,通过看字幕组翻译的《士兵突击》喜欢上"许三多",不也为他们认识和理解中国增加了一条途径吗?

三、一片两译版本的瑕瑜互见

传统的译制片因为涉及片源引进、配音等环节,制作周期较长,生产速度与数量很难满足观众的需求,而字幕组恰恰具有"短时差"甚至趋近"零时差"的特点。以电影《V字别动队》为例,该片于2006年3月16日全球首映后,当年5月初片源在互联网上被放出,网上很快出现了各种中文字幕版本(例如TLF字幕组的翻译版本上传于2006年5月11日,其他字幕组的翻译版本首发时间大多也是在当月)。2006年央视电影频道(CCTV-6)曾在《今日影视》栏目中介绍过该片,因为涉及版权引进、后期配音、过审等流程,直到2007年,这部电影才在央视"第一剧场"频道首播。由于"第一剧场"是

---

① 黄麟云. 影视出海背后的字幕组[J]. 环球,2018(11). https://www.fx361.com/page/2018/1018/4378415.shtml.

付费频道，在国内的收视人群极为有限。2012年12月14日该影片在央视电影频道播出，影片中许多台词为网友津津乐道。我们比较了央视电影频道的翻译版本和网络字幕组"TLF"的翻译版本，发现两者各有千秋、瑕瑜互见。译者的能动性、主体性及其对文本风格的把握，再加上技术因素、发布平台、观影环境等客观因素，都对翻译风格和水平产生影响。

此处引入译者主体性（subjectivity of translator，亦称翻译主体性）的概念。它指译者在翻译活动中表现出来的本质特性，即翻译主体能动地操纵原本（客本）、转换原本，使其本质力量在翻译行为中外化的特性。① 译者主体性在字幕翻译的实践中表现为在尊重翻译对象的前提下，为实现翻译目的而表现出的主观能动性。在TLF字幕组论坛上，有过一篇题为《关于TLF字幕组的问答：从字幕组元老的回忆中全面了解TLF字幕组》的帖子，帖子里面提到TLF字幕组是一个网络字幕翻译兴趣小组，由来自全球各地的华人影视及翻译爱好者组成，成员大多数是年轻人。电影 V for Vendetta 的翻译者 "Avo17000" 当年34岁，从事进出口贸易，居住在美国得克萨斯州，本科和出国留学的专业分别是无线电专业和电子工程专业，而非外语专业。因为有海外留学和居住的经历，英语水平相对较高，自加入TLF字幕组起已翻译20余部英文电影，在字幕组成员中有较高的威信。

电影 V for Vendetta 以未来的英国社会为对象，讲了一个关于乌托邦的故事。央视电影频道把片名翻译成"V字别动队"，而TLF字幕组将其翻译成"V字仇杀队"，看起来差异不大，但是考虑到电影频道是国家播出平台，"别动队"的提法

---

① 方梦之. 译学词典[M]. 上海：上海外语教育出版社，2004：82-83.

相对中性，而"仇杀"本身包含着强烈的感情色彩，更引人注目。

从呈现形态上看，字幕分为双语字幕和单语字幕。双语字幕一般在电影画面的下方同时显示源语（如英文）和目的语（如中文），目的语在上，源语在下。这种形式的字幕是网络传播环境中最受欢迎的模式，它意味着在观看电影的同时还能学习（领略）外语。单语字幕即只显示出一种语言（通常是目的语）。该影片在电影频道播出的时候显示的是只有汉语的字幕，而 TLF 字幕组提供的则是中英双语字幕。

在进一步比较电影频道和 TLF 字幕组的字幕版本时，可以发现两者在一些细节处理上的共性和差异。

专有名词。专有名词是指电影中出现的地名、人名、国名、书名、团体名称以及历史事件的名称等，对专有名词的不同翻译体现了译者的知识积累和严谨程度。例如：（1）I think it's payback time for a little tea party they threw for us a few hundred years ago. 电影频道将句中的"tea party"译为"茶党争"，而 TLF 字幕组译为"茶会"。联系史实，这里的 tea party 暗指发生在 1773 年 12 月的波士顿倾茶事件，因此翻译成"茶党争"更为恰当，而"茶会"只是附会了"tea party"的字面意思。（2）How unfamiliar words like "collateral" and "rendition" became frightening……这句话中的"collateral"和"rendition"属于司法领域常见词汇，电影频道分别将其翻译为"担保"和"引渡"，属于比较正规的译法；TLF 字幕组将其翻译成"附带伤害"和"特别移交"，对"collateral"的翻译存在偏差，将"rendition"翻译成"特别移交"虽不存在意思上的偏差，但显得不够正规，且不易被观众所理解。

文化意象转换。在电影等通俗文本的翻译过程中，译者常常运用"归化"的方式实现语言的本土化。它是指译者从目的语读者的角度出发,为了将外语文本中的"异域性"最小化而采取的一种翻译策略。以中文来说,在翻译的过程中,根据中国文化和语境,对源语言进行本地化处理,将英文中特定的习语或者陌生的概念转化为中国观众常见的具体的意象。① 在具体的操作过程中,译者经常采用为中国观众熟知的俚语、成语、俏皮话等,网络字幕组通常还会在翻译中加入网络流行语来达到幽默或讽刺的效果。例如:(1) Spare the rod, spoil the child. 电影频道译为"孩子不打不成才",TLF 字幕组译为"孩子不教训不成器啊!"(2) No good deed goes unpunished. 电影频道译为"好心没好报",TLF 字幕组译为"好事没好报"。(3) I don't recall getting stood up by a more attractive woman. 电影频道和 TLF 字幕组的翻译完全一致:"我还从来没被这么美丽的女人放过鸽子呢!"

前两句话如果按照原文直译的话,分别为"省了棍棒,宠坏了孩子""好的行为都会受到惩罚",显得生硬。电影频道和TLF 字幕组在翻译过程中对原文进行了本土化的处理,应该说都更加贴近中国观众的接受习惯。

减译与增译。在 TLF 字幕组提供的字幕版本中,缩译是比较常见的字幕处理方法,就是把正常的对白更简练地用译文表达。缩译追求的是在保留对白的主要语意和文体信息基础上,去掉原对白中不重要的元素,同时也降低了字幕组文字输入的工作量。与减译法相对的是增译法,即在翻译过程中加入词、短语或句子。在电影频道的字幕版本中,减译与增译是并存的,主要是为了达到配合剧中人物的口型、迎合目的语观众的语言习惯、便于观众了解剧情等目的。例如: (1) You'd be

---

① 武晓燕. 英语电影汉译中的"归化"现象研究[J]. 电影文学,2008(9):117.

the least of my worries. 电影频道译为"你的事与我担心的事相比，算不了什么"，TLF 字幕组译为"你的事算不得什么"。(2) I know of no reason why the gunpowder treason should ever be forgot. 电影频道译为"我知道没有理由将黑火药密谋事件永远忘却"，TLF 字幕组译为"火药阴谋绝没有理由被遗忘"。(3)... and then imagine that you and you alone have the cure. 电影频道译为"然后，想象你，也只有你能治愈他"，TLF 字幕组译为"而只有你才有解药"。在以上三个例子中，TLF 字幕组采用了缩译法，省去了原句中一些不太重要的部分，而电影频道的翻译则要考虑人物口型、对话的时长等因素。

语言风格。此外，电影频道版本和 TLF 字幕组版本在语言风格上也存在差别。例如：The security of information is paramount. 电影频道译为"信息安全最重要"，TLF 字幕组译为"保密工作压倒一切"。"保密"和"压倒一切"的表述，更容易获得认可。

对于一些"重口味"话语的翻译，电影频道和字幕组也存在明显的不同，字幕组的翻译更加直白，往往直译为网络上出现的粗口或用符号代替个别脏话字。电影频道则尽力保持字幕的干净与语言的礼仪，当然有时也会让外国电影少了"内味儿"。

字幕组与互联网特质

字幕组现象诞生于推崇个性与共享的互联网时代，对于字幕组成员来说，很多人都有着互助精神、黑客精神与世界主义的色彩。互联网技术的普惠性与媒介市场的不平衡性，使得传统的版权制度遭到猛烈冲击。互联网拉低了传播的门槛，最大限度免除了传播所依赖的介质（诸如纸张油墨、光盘、录像带等），同时聚拢了以往"不成气候"的"长尾用户"。东西方媒介市场的不平衡性与受众需求的广泛性往往让影视作品版权方祭出"保护版权"的大旗。但是在一大批"为爱发电"、热衷分享的网民面前，这种版权制度反而被视作文化和思想传播的绊脚石。近代以来的版权制度诞生于工业资本主义时代，侧重于保护财产所有者的经济利益，对创作自由的保护至多是附带性的，而几乎没有考虑过传播和分享过程中的自由。到了全球化与信息技术发达的时代，这样的版权制度就在某种程度上成为"基于分享、拼贴和改造的新文化创意方向的屏障，并迟滞与控制了信息与观点的全球流通"①。数字化媒介产品的技术特性，赋予其被无限制复制与传播的可能，传统的版权观念难以限制这种传播。以一部美剧为例，它只在特定的地区或者区域限定发行，这些地区的观众通过支付广告费或者版权费来获得观看权，但在限定发行区域之外的观众由于渠道不畅而无法观看，于是字幕组便担当起"搬运工"的角色。从这个角度说，字幕组走在整个信息社会的最前端，他们在探索人与人之间、人与作品之间关系新的可能性。

由于字幕组一直以隐秘或半公开的形式出现在网络空间，因此学术领域对这一群体的关注和研究尚属有限，与之形成对比的是，国内的报刊、网络等大众传播媒介长期以来表现出对字幕组这一新兴群体的浓厚兴趣。《三联生活周刊》《人民日报》等多家媒体都曾对字幕组进行过专门的采访报道，网络上关于字幕组的传奇轶事文章更是比比皆是。境外媒体也多次报道中国的字幕组现象。早在2006年《纽约时报》就曾刊登过一篇标题为《打破文化屏蔽的中国字幕组》的报道，指出字幕

---

① 吴靖."山寨经济"与新媒体创意——论后现代公共文化的生成[J].中国传媒报告，2010（1）.

组在跨国文化传播中的重要影响。2007年日本经济新闻网在《中国字幕组的荣誉与衰落》一文中提道，中国的动漫字幕组进行的翻译活动，完全出于爱好，没有报酬，虽然字幕组成员通常要花费大量的时间和精力，但是只要能给全国的动漫爱好者们带去欢乐，他们就觉得这种付出是值得的。这篇文章同时也指出中国的字幕组对于日本动漫在中国的传播起到了重要的推动作用。2015年日本《产经新闻》在对中国字幕组进行相关报道时称：其实这些翻译作品并没有版权，是一种侵权行为，但同时也反映了日本文化很受中国年轻人的欢迎。

一、网络共享与互助精神

共享精神是互联网文化生存和发展壮大的"灵魂"之一，字幕组诞生之初就带着一种极强的理想主义色彩，提倡"免费、共享、交流、学习"的原则，拒绝商业营利，这一特质与互联网文化的共享原则不谋而合。例如TLF字幕组的论坛口号是"公益之理念，分享创作之乐，共享字幕之美"，伊甸园字幕组论坛的口号是"共享文化，科技中国"，人人影视字幕组论坛在说明中强调，"YYeTs字幕组为网络爱好者自发组织，为广大网友翻译最新海外影视字幕，完全免费共享，供大家学习交流"，各大字幕组的招募公告上，出现最多的关键词是"责任感""贡献""热心""热爱""团队合作""决心""毅力""服务""耐心"等。人人影视字幕组负责人在接受媒体采访时曾说过，做字幕的所有人几乎都是以翻译字幕为乐趣，享受着和其他字幕组彼此之间的简单快乐，没有任何金钱上的回报，获得的主要是被国内网友接受的成就感。"几乎每个人在片头看到自己的名字时都会很得意，在听见别人夸奖字幕做得好时都会特开心。自己的每一个努力得到认可，这便是他们渴望得到的回报。不仅仅可以让欣赏作品的人共享知识，每个工作者与工作者之间也可以互相分享知识、切磋技艺。"①

共享精神和公益目标源自字幕组成员对译制工作的热爱,一些被认为"痴气"的字幕翻译者常常一翻就是好几个小时,甚至废寝忘食,当看到一些触景生情的场面,会一边抹眼泪一边在键盘上敲字,到了一种浑然忘我的境界。《纽约时报》曾经报道过这样一位骨灰级粉丝翻译:"23岁的丁承泰是一家银行的网络技术专家,一年半来,他一下班就把自己关在房间里,开始消灭那些大部头的美国电视剧,比如 Lost c.s.i.,还有《律政俏主妇》,朋友还以为他失踪了。他连夜为这些连续剧编译字幕,发布到网上。通过 BT 这样的技术,越来越多的中国观众能够免费下载观看到这些节目。"② 不同人加入字幕组的初衷可能会有差别,有的纯粹是爱好,有的是想结交志同道合的朋友,有的甚至只为追求一种神秘感,但共通的是分享的精神。这一基本特性决定了大多数字幕组不会以营利为终极目的,正如有的字幕组负责人说的,如果是那样,那就不是字幕组,而是翻译公司。

在许多网友看来,字幕组扮演着文化传播者的角色,他们为那些想通过观看国外的媒介作品来了解外国文化的人们提供了一个绝佳的平台,因而被网友亲切地称呼为"幕后英雄"。国内一些专家学者也对字幕组的存在给予肯定,上海大学影视艺术技术学院教授林少雄认为,字幕组改变了观众的欣赏习惯,由观看配音版本转向原声字幕版本,既保持了影片原有的品质,也提高了人们的认知能力。西南大学文学院原院长刘明华、中国东方歌舞团原艺术总监陈维亚认为字幕组不图物质回

---

① 字幕组的网络共享主义 [EB/OL]. http://www.tianjinwe.com/tianjin/tjcj/201007/t20100730_1355672.html.
② 美剧背后的中国字幕组(希望更多人知道那些默默贡献的英雄)[EB/OL]. http://culture.163.com/06/1204/16/31GV4N7Q00280003.html.

报的分享精神和志愿行为值得敬佩,不从中获利应该成为字幕组坚守的底线。

二、黑客伦理和侠客精神

黑客作为一种网络身份让人觉得很遥远。然而在一些分工明确的字幕组群体中,的确有专门的 IT 技术高手负责技术环节,比如获取一手影视资源、建立群内联系通道、维护论坛甚至分享有些链接等,都需要这些技术"高人"的帮助。用中国文化中的侠客精神来观照的话,字幕组也兼具侠客精神。侠客是"急人之难、出言必信、锄强扶弱的豪侠之士",当人们因为片源难得、语言障碍导致观影期待和传播受阻的时候,字幕组及时出现,这岂不是当代网络文化传播的"大侠客"!

英国学者安德鲁·查德威克在谈到欧美黑客时指出:"尽管黑客分子拥有离经叛道、颠覆、无政府主义这样的名声……但一些研究表明,大部分黑客分子并不是受政治或经济利益驱动而进行黑客行动的。相反,黑客一直努力把自己的软件和技术向没有专业技术的普通用户开放。"[①] 芬兰研究者派卡·海曼认为,黑客作为信息时代的产物,有着与新教伦理相对的精神气质,它倡导工作的娱乐性和艺术性,这不仅意味着对旧工业时代精神的反叛,还意味着对当今社会和我们生活的各个方面的挑战。[②]

全世界字幕组获得有版权的影视作品的最重要渠道是"0day"形式的资源共享和国际上各大"片源网站",必须承认,这两种渠道也是现今网络盗版的最大源头。"0day"指在

[①] [英]安德鲁·查德威克.互联网政治学:国家、公民与新传播技术[M].任孟山,译.北京:华夏出版社,2010:177.
[②] [芬]派卡·海曼.黑客伦理与信息时代精神[M].北京:中信出版社,2002:103-105.

官方发布作品之前或者当天即取得的源文件。LOL 和 XOR 都是国外著名的 0day 组织，它们将国外的电视节目录下来，转成便于网络传播的格式，放到网上供全世界免费分享，行动极快。它们没有自己的网站，都是以 BT 形式发布，而且视频质量很高，是美国版权律师的眼中钉，但这种"侠盗"作风在网民中甚得人心，国内字幕组的片源也大都来源于它们。① 它们通过 BT 等点对点（peer to peer，P2P）的方式传播影片，规避了整部传播影视作品的法律风险，没有固定的网站，显得"来无影去无踪"。而 The Pirate Bay（中文译为"海盗湾"）、1337X、EZTV、Demoniod（中文译为"恶魔网"）、RARBG、YTS 等"片源网站"，也都是外国黑客与网民建立的，由此看来全世界网络上都有执着于"找资源"的人们。

唐代的元稹在《侠客行》中说："侠客不怕死，怕死事不成。"字幕组的"不怕死"具体表现在：他们游走在侵权与盗版的边缘，他们的行为很难被法律保护，他们通过匿名的方式为广大影片爱好者提供服务，他们不求索取，是现代网络文化传播的隐匿"侠客"。

三、世界主义与 Copyleft（著佐权）

在工业社会中，资本与管理精英占据主导地位，而在新兴的后工业社会中，反建制、平民意识与共享成为主流。字幕组展现出了这种时代精神，在自我意识高度觉醒的状态下，充分利用媒介资源与专业能力来为自己营造互联网时代的话语空间，体现了对既有文化交流体系的解构。他们渴望与人分享、愿意付出，有着天下大同的理念。在这种情况下，传统的文化制度与游戏规则自然遭到挑战，看似侵权与违法，其背后会不

---

① 陈赛，刘宇.《越狱》的中国隐秘流行 [J]. 三联生活周刊，2006 (47).

会是一种超前的引领？

在现行的版权制度面前，字幕组无疑是挑战传统的一批人。即便在影片的开头加上"本字幕仅供学习与交流，严禁用于商业途径"的滚动字幕，表明自己非商业化的意图，仍旧无法避免被盗版商利用、被版权方追责、被著作权管理机构问责的现状。

字幕组成员们这种超前意识并不是凭空而来，原因有如下几个。第一，现有的国际版权体系本身也是缝缝补补、拼拼凑凑的产物，纵然在发达国家之间，对版权保护的松紧程度也是不一样的，这也解释了为什么很多"片源网站"的服务器设在北欧国家。第二，国际版权体系确保了版权持有人（甚至其继承人）长期获得高额回报，但是对观众（尤其是发展中国家的观众）开价过高，字幕组扮演了一个讨价还价者的角色，至少可敦促版权持有人降低版权费。第三，字幕组在影片翻译制作的过程中加入了自己的智力劳动成果，赋予了作品新的价值，也变相促进了作品在更多的区域（市场）传播，提升了版权方的品牌价值，这一部分劳动也需要被肯定。

综上，如果从超越民族国家的世界主义角度来看，字幕组恰恰做了一件符合世界主义理念的事情。世界主义认为人们不应该只关注自己国家内部的正义，而更要关心国际正义，因为国家之间的道德观是不统一、不一致的。世界主义有明显的乌托邦、理想主义性质，但确实值得人们向往和追求。世界主义者确信，所有的人都有责任去培育和改善，并且尽全力去丰富总体人性。这个理想与"普天之下皆兄弟"的思想息息相关，人类是一个整体，必须团结一致、彼此扶持。

字幕组倡导的"免费、共享、交流与合作"理念并非孤立无援。在数字时代信息风暴席卷而来的时候，如果坚持僵化而不平等的版权制度反而会阻碍文化的交流与碰撞。在网络时代，与 Copyright（著作权）相对的 Copyleft（著佐权）概念应运而生。Copyleft 就是为了防止传统的版权制度限制人们的信息共享与交流而产生的，它赋予人们自由使用、更改以及重新发布作品的权利，但其坚持的核心诉求是更改后的作品必须要用同样的授权方式来回馈社会。字幕组在观看外国影视剧集之后对其进行翻译并无偿放到网站上与大众共享，他们在"消费"作品之后对作品进行一定程度上的更改并且回馈社群，这一点与 Copyleft 所提倡的理念不谋而合，字幕组所坚持的免费共享精神在 Copyleft 这里得到了一大批志同道合者的实践。比较著名的 Copyleft 协议有 CC（Creative Commons，知识共享协议）、GNU GPL（General Public License，通用公共许可证）等。

以 CC 为例，知识共享组织设计了一些协议，目的是在保留作者某些权利的前提下，在满足特定条件的情况下作品可以被自由复制、传播，在不违反版权保护法律的情况下获得、分享更多创作与素材。这些协议允许的行为包括：（1）分享，即在任何媒介或格式下再分发、传播本创作；（2）修改，即重混、转换，依据本创作进行再创作；（3）遵守条款规定，签署 CC 协议的授权人将不能撤回他人使用本创作的自由。与此同时，CC 协议还有限制的行为：（1）署名，允许他人对原作者享有著作权的作品及演绎作品进行复制、发行、展览、表演、放映、广播或通过信息网络向公众传播，但在这些过程中对方必须保留原作者对原作品的署名；（2）非商业性使用，允许他人对原作者享有著作权的作品及演绎作品进行复制、发行、展览、表演、放映、广播或通过信息网络向公众传播，但仅限于非商业性目的；（3）是否禁止演绎，根据原作者对作品保护的要求，决定某作品是否可以被他人非商业性演绎。

CC 组织成立于 2002 年，由一些法学家、知识产权学者、内容创作者共同发起成立，2003年也进入中文世界。近年来其影响的范围越来越广，参与的国家也越来越多。字幕组的理念与Copyleft中的某些协议极为相近，如果字幕组与版权方能在诸如CC协议之下进一步分享智力成果，那么在文化意义、社会意义乃至经济意义上，是有可能实现多赢局面的。

> 达达不求什么,达达就是达达。
> ——20世纪初"达达主义"艺术运动的口号之一

诸事待毕:从法律规制、社会结构、文化哲学方面的再透视

通过对字幕组的历史、特征、内涵的梳理，我们可以推论：字幕组及其现象是人类跨文化交流进入空前频繁时代的产物，互联网技术加速了字幕组的进化，也加剧了其与社会诸方面的冲突。全世界的字幕组都面临三个方面的问题：其一是法律方面的困扰，个人行为发展到什么程度会涉及侵权，规模多大的团体行为会触犯法律？执法部门管理和介入的尺度如何把握？其二是社会方面的挑战，字幕组在不同的社会结构中如何"活着"？字幕组内部组织并不像媒体机构那样严密规范而又有固定收入来源，字幕组不仅要面临全网同行的竞争，还要面对诸如"打几枪换个地方""付出的努力被窃取与挪用"等现实境况。其三是文化哲学层面的困扰，字幕组及其译制文本是否可以纳入一种独立的民间审美文化范畴？字幕组能否自由穿梭于现有的文化场域内外？

法律规制：底线、困局与出路

超越个人爱好与个人研习行为，进而上升为社会活动的字幕组活动，合法性是其行为可持续的第一要件。恰恰是我们前文一直在讨论的版权合法性问题，让字幕组的活动面临着法律上的危机。

根据现行国际版权保护原则和多数国家的版权保护规定，字幕组涉嫌侵权的主要原因在于：第一，字幕组所传播的很多影视作品并未获得版权人的许可，构成对著作权中公开传播权的侵犯，一旦著作权人提起诉讼，字幕组将面临法律的困境。第二，对于版权作品的译制属于法律上规定的"演绎"行为，未经著作权人许可的演绎，同样涉嫌违法。我们知道，字幕组的不少片源都是来自全球几大盗版资源网站，或者来自个人节目录制，再以P2P传播的方式在网上扩散，字幕组靠这个

"伊甸园"的方式实现了"吃苹果"的目的。小规模的下载、译制和传播或许不一定引起各方的注意,但是无论是单个字幕组的走红,还是作为社会现象的字幕组一再扩张声势,则必定会引起版权方和执法部门的关注。因此,"伊甸园"可能变为"失乐园",字幕组也是在"钢丝绳上行走",一不小心就会坠入违法深渊。

一、底线：版权必须得到尊重

2022年3月11日晚,猪猪日剧字幕组在其微博上宣布"应有关部门要求,我们将按照法律法规,即日起对网站及所有影视相关内容进行整改、删除、关闭。今后将以资讯、新闻类内容为主",这意味着有着近20年历史的猪猪日剧字幕组也走到了终点。而此前的十年间,早期的知名字幕组也大多解散、关闭或被查封。我们也还记得,2020年3月31日,在台湾地区知名度颇高的"枫林网"因涉嫌侵犯影视剧知识产权被当地警方查禁；2014年11月22日晚,"射手网"创始人沈晟发布了一则标题为《断舍离》的声明,宣布这个运营了15年的字幕分享网站正式关闭；在该声明发布的几小时前,当时尚处于活跃期的"人人影视"也宣布关闭,"清理内容"。

"射手网"关闭之后的几天,2014年11月25日《新京报》发表了一篇题为《射手网关闭,字幕组时代的结束?》的专题报道,其中就提到了"射手网"和"人人影视"处于灰色地带无法持续运作的问题,提出期待能有一个主流的网站将这些"义务劳动者"组织起来,建构一个合理合法的运作环境。但是到目前为止,国内并没有出现这样的网站。究其原因,笔者认为是字幕组"散装化"的组织形态、"趣缘化"的选题风格、"灰色系"的存在模式很难形成合适的商业模式。目前,世界上大多数国家的著作权法中对于著作权人的合法权益都有着明确的规定。2020年修订的《中华人民共和国著作权法》特别增加了关于著作权网络传播的条款,指出"未经著作权人许可,复制、发行、表演、放映、广播、汇编、通过信息网络向公众传播其作品的……未经录音录像制作者许可,复制、发行、通过信息网络向公众传播其制作的录音录像制品的",都要承担相应的民事或刑事责任。此外,在这部法律中还以金额的方式明确了违法的规模或者性质,"违法经营额五万元以上的,可以并处违法经营额一倍以上五倍以下的罚款;没有违法经营额、违法经营额难以计算或者不足五万元的,可以并处二十五万元以下的罚款;构成犯罪的,依法追究刑事责任"。

日本现行《著作权法》第27条规定了著作权人享有翻译的"排他权",直接表明了日本法律中对于著作权人作品翻译权的认定,在未获授权条件下任何人都不能对作品进行翻译。美国现行的版权法规中明确保护衍生作品(derivative work),而对于"derivative work"的内涵界定,则明确了包括翻译作品。另外,国际版权界最重要的《伯尔尼公约》也规定了保护作品的复制权、公开传播权等,同时还保护作品的翻译权,写明"文艺作品权利人享有在保护期内对其原著的翻译的排他权或授权他人翻译的排他权"。

根据各个国家对于著作权人权益保护及如何认定侵权行为的表述,翻译权属于著作权人的独有合法权利。因此在没有征得著作权人同意的前提下,对外文字幕加以演绎、融合进新的元素,则构成侵权事实。

随着国内版权保护环境日趋成熟,字幕组凭借"公益分享"原则获得的"护身符"也不断遭遇攻击,舆论开始着重关注这些文化"隐者"在网络江湖中的触法边界。一边是"严重侵权"的指责,另一边是"造福网友"的美誉,在纷扰之间,这些"文化使者"终于体验到"行走互联网江湖"的风险。事实上，字幕组并非不知道自己的处境，他们也琢磨出了很多规避风险的方法：

一是坚持"身份审核"。网友想要加入字幕组，进入讨论、观看、下载板块，往往需要注册成为会员或者通过会员邀请才能实现，有时网友还被要求上传英语能力证书、职业身份证明（比如上传学生证照片）等证明自己的能力与身份。"检查身份"和"熟人介绍"都是字幕组自我保护的方式。

二是挪用"避风港原则"。网上的"避风港原则"通俗来说就是一句话："要么你不知道放你那的是侵权产品，你也不知道客户侵权，你知道了就要赶紧移除。"对于字幕组而言，其对有版权保护的作品是心知肚明的。故而，他们只能在每一部成片上加上"本片只用于交流，请勿用于任何商业用途，下载后请于24小时内删除"之类的表达。说轻了这是一种"弱保护手段"，是对"避风港原则"的挪用，说重了则是"掩耳盗铃"。

三是注意"不硬刚"。这是避免和主流文化"正面冲突"的做法。例如字幕组一般不会传播国内影院已经上映或即将上映的外国影片，因为这些影片引进国内都支付了巨大的版权交易费用；更不会选择译制包含贬低中华文化的题材、明显带有色情内容的题材作品，因为这些既不符合字幕组自身的定位，也涉嫌重大违法。

字幕组论坛或者影视网站不再直接转载影视作品，而是只提供字幕文件。

二、难点：保护的边界尚待厘清

每年的4月26日"世界知识产权日"前后，一度是字幕组最寝食难安的时候，面对版权申诉要求，字幕组能否在法律规范中"合法行事""精准突围"是必须要面对的事情。我们认为，网络字幕组活动给版权保护带来了新的课题，同时也督促我们思考版权方、传播方、消费者在文化消费中的权利义务问题。

2021年第3期《求是》杂志发表了习近平总书记重要文章《全面加强知识产权保护工作 激发创新活力推动构建新发展格局》。文中指出："要坚持以我为主、人民利益至上、公正合理保护，既严格保护知识产权，又防范个人和企业权利过度扩张，确保公共利益和激励创新兼得。"按照总书记讲话的要求，保护知识产权，就是保护劳动成果，保护创新创造。但与此同时，保护知识产权需要具体问题具体分析，从某种程度上看，字幕组做了符合"人民利益"的工作，那么有没有可能让字幕组规范起来？再者，作为单个的消费者无法与版权方对抗，作为单个的字幕组其实也没有这个能力，但是消费者与字幕组在网上结成的力量，也在提醒"保护资本利益与维护文化传播环境"之间的关系考量。基于以上思路，我们提出"字幕组""洗白"的几种可能性。

一是"个人使用，严控规模"。严控规模就是要求字幕组回归个人学习研究的模式，根据著作权法的相关规定，为个人学习、研究或者欣赏，使用他人已经发表的作品属于"合理使用"，是法定许可的。换言之，基于互联网的少数网友结成"字幕翻译组"，他们的作品仅在很小的范围内传播（例如小于500人），则很难认定他们的翻译行为属于违法。然而这个方案目前的难度在于，互联网作为信息交流的平台，其本身是促进信息在人与人之间传播的，一旦字幕组有了"扩大规模"的冲动，则很难控制其组织规模与传播范围。不过，随着大数据、区块链等新技术的出现，互联网版权保护会进一步增强，那么字幕组想要继续活动，将不得不考虑其规模大小的问题。

二是"公益行为，版权无涉"。伴随着长视频传播、短视频传播时代的陆续到来，用户生产内容（UGC）成为越来越普遍的网络内容生成方式，很多用户对自己生产的内容并不在意版权问题。与此同时，还有很多公益性内容（包括时事新闻、演讲、科普、公开课课程、古人作品及超过保护期的前人作品等），这些内容本身是非营利的，提高传播度对其更有意义。目前，很多字幕组也在搬运、翻译此类网络内容。例如2022年5月9日俄罗斯在红场举行的阅兵式上，俄罗斯总统普京的演讲内容，就被国内的俄语爱好者迅速翻译成了中文。

三是"携手合作，探索共赢"。经济学研究的是资源的稀缺性问题，某种资源越稀缺，那么掌握这种资源的人议价能力就越强。在文化传播领域也是这样，如果字幕组对于版权方而言，具有翻译资源和翻译渠道的稀缺性，那么字幕组对于版权方而言虽然是侵权，但同时也是存在相应的意义和价值的。再从成本角度看，影视作品的成本已从最初的生产资料和劳动力成本，扩展到了今天的生产成本、交易成本、推广成本、搜索成本、注意力成本等。信息时代的字幕组通过自己的劳动，其实降低了一部作品触达用户的成本。对于版权作品而言，版权方虽然没有获得直接的经济回报，但是扩大了其作品在某些国家、地区和某些人群中的接触面。字幕组活动产生出来的数据，如果可以检测的话，其实是文化传播的一种风向标，也可以为版权方和传播平台所用。从这个角度来说，字幕组类似于给植物授粉的蜜蜂，蜜蜂吃了花粉，但是聪明的农民并没有赶走养蜂人。

三、出路：资源互惠推动达成共识

顺着上述三点尤其是第三点的思路，字幕组自然也找到了一些解决问题的办法。目前,很多字幕组不断地从教育机构和商业机构那里获取版权授权,以一种合作的方式探索译制作品版权化进程。从版权方的角度来看,其对待字幕组的态度也逐渐从排斥转变为包容与合作。可见,字幕组的处境不再是"四面楚歌",而是从"盗版时代"迈向了"授权时代"。

具体从操作层面上看,"授权时代"是字幕组与版权方双方共同努力的结果。一方面,字幕组从技术上加强了对著作权的风险规避,例如:只在自己的网站上提供字幕文件而不提供影视剧源文件,将把字幕添置到影视作品的行为转移给了观众。这就意味着字幕组生产的字幕与影视作品完全割裂,避免了"疑似侵权行为"直接作用于作品本身。另一方面,版权方态度有所转变,他们对字幕组表现出了一种"暧昧"的态度。因为经过长时间的关注与研究,字幕组的"侵权行为"被版权方深度解析后发现,字幕组与传统的盗版活动有很大的不同,对版权方的商业利益可以起到一定的促进作用。《神偷奶爸》就是一个典型的依靠字幕组在中国热映的影视作品,从《神偷奶爸》这部作品中可以寻找到版权方与字幕组合作的可能。

2014年年初,美国动画电影《神偷奶爸2》登陆中国大陆(内地),首日票房接近3 000万元人民币,继而成为2014年国内首部票房过亿的影片。高票房固然源于电影本身的吸引力,但不能否认的是,2010年的《神偷奶爸》在国内网上的火热为其续集聚拢了一大批潜在观众。《神偷奶爸》2010年并未在中国大陆(内地)上映,但这部影片由于字幕组的"搬运"在中国大陆(内地)早已拥有大批粉丝,仅在人人影视字幕组的论坛上就有近50万的浏览量,影片中的卡通人物"小黄人"早已为中国网友所熟悉。

字幕组翻译的《神偷奶爸》片段截图

中外著作权法和知识产权法一般都是这么要求的：以"合理使用"为由无偿使用他人作品必须要满足的核心条件是不得损害著作权人的合法权益。值得玩味的是，字幕组是一种跨文化传播群体行为，影视作品版权人所在国的著作权法的刚性规定不能限制其他国家的侵权行为。往往一般情况下，字幕组所翻译的外国影视剧集都是在中国没有公开引进或者是没有正规渠道可以获得的，也就是说中国并未被算在版权方所设定的收视和营利地区内，因此中国的网友属于"额外观众"。字幕组在不获利的前提下，不仅没有影响到影视作品在既有目标群体中的收视率，而且为其在未传播区域的传播起到了预热铺垫等间接的宣传效果。基于此，字幕组与版权方再也不是水火不容的关系，有效的互动与合作能使双方获得双赢的结果。

影视作品版权方与字幕组直接合作甚至还提升了作品译制的质量。版权方将影视作品发给字幕组，由字幕组直接在原作品上添置字幕，这一定程度上可以有效保证作品的完整性。《瑞克和莫蒂》和《太阳的后裔》就是一组鲜明的对比，前者由于电波字幕组的"撤退"导致作品翻译质量骤降，结果是观众纷纷吐槽；后者由于凤凰天使字幕组的加入使得收视率再创新高。

2016年爱奇艺引进韩剧《太阳的后裔》，该作品的字幕工作就是凤凰天使字幕组完成的。《太阳的后裔》这部作品反响十分强烈，不仅因为该影视作品本身优秀，还因为民间字幕组译制的完美。这次"授权"的成功个案成为一些国外影视作品与民间字幕组合作的样板。

社会结构："共享—竞争—共享"的逻辑

从社会学意义上看，由于字幕组是一个"趣缘"群体，成员相互之间联系的纽带是"共同的兴趣"。基于这种兴趣，群体之间、成员之间会有共享、竞争、摩擦等各种可能。当一个群体没有固定经济收入、没有严密的组织体系、没有持久的目标愿景的时候，这个群体的组织结构一定程度上是松散的，因此绝大多数字幕组群体在成立之初就处在"解散"的边缘。

一、初级阶段：从趣缘群体到群雄纷争

从整体生态而言，在字幕组发展的初期阶段，从趣缘群体到群雄纷争是第一条轨迹。关于趣缘群体，前面的章节已经讨论过，这里主要讨论竞争的问题。竞争主要体现在两个方面：第一是民间字幕组与官方译制机构的竞争；第二是民间字幕组之间的竞争。

民间字幕组与官方译制机构的竞争是一个难以调和的无休止的"斗争"，它们之间的关系更像是青年亚文化日常话语中常提的"不共戴天"，民间字幕组因为合法性问题备受官方译制机构的"嫌弃"，而官方译制机构又因翻译水平的制约而受

到民间字幕组的"鄙视"。从某种角度讲,两者之间不存在谁具备绝对优势的问题,官方译制机构垄断了正常渠道,民间字幕组统治了用户的口碑。

民间字幕组之间的内部竞争相比较而言显得更加"温和",竞争的结果也是趋于良性的,这种竞争不是商业上的利益竞争,而是业务上的竞争。字幕组之间良性的竞争能够促进字幕组业务水平的提高,字幕组通常会将制作好的字幕上传到字幕站,靠公众的口碑来评判。"射手网"是当年国内最有名的字幕站之一,百度百科对射手网的简介是:"射手网是一个以电影中文字幕为主的主题资讯交换平台。射手网不是以营利为目的,也未与任何营利性组织有任何关系,射手网只是供一些自愿翻译人存储和交流的平台。"① 每个上传到射手网的字幕都会在下方显示字幕的格式、语言(主要有中简、中繁、英简、英繁、英简繁五种)、来源(原创翻译或校订翻译)、发行字幕的字幕组、查阅次数、下载次数、上传的日期、翻译质量(字幕评分)、网友评价等信息。字幕组与字幕组之间的竞争更像是一种"交流",他们在译制同一部作品的时候,会通过群体间交流、网友评论的反馈等方式提高自身的翻译水平,对作品中的译制语言进行实时更新。

在字幕组活动还不是特别成熟的时期,字幕组在找片源时会考虑译制重复的问题,因此会主动采取互相避让的措施,以免重复翻译。尽管字幕组会回避重复译制的情况,但是对于一些热门欧美电影或热播剧集,"避让原则"就不再适用,因为争夺到了首发权,字幕组的影响力就会得到显著提升,因此各大字幕组都会在第一时间对一些火爆的作品进行翻译。这一状

---

① 关于"射手网"的百度百科[EB/OL]. http://baike.baidu.com/link?url=Cm_2iLHVuEkSQj8TwDHz5HrHTG6Z4RdzNDsl5ZX9OLpIxBFXd6KWNywVr-HA161L.

况在2007年美剧《越狱》上映时达到巅峰,当时各家字幕组为了抢首发,出现了几十人"轮值"的工作场面。

一位当时参与译制《越狱》的字幕组成员回忆了从接收片源到上传字幕所经历的六个小时"生死时速":FOX电视台播放完一集《越狱》,就有片源从国外BT网站传到国内字幕组的FTP服务器上,这个工作通常由字幕组固定联系的国外留学生完成,这个从BT转向FTP的过程大概需要半小时的时间。为了争取时间,有的字幕组还会先"借道"更快的韩国服务器,再传回国内的FTP,这样能将片源的传输过程从30分钟缩短到10分钟。随后,"抢时间"的工作就在字幕组成员的内部开始了,录制人员直接用msn或qq把英文字幕传给字幕总监,字幕总监再分发给下面的工作人员。同时,字幕总监也会通知参与这次翻译工作的时间轴、翻译、校对、压片人员进行赶工。字幕制作完成并校对完毕后,字幕总监会在射手网(当时国内最大的字幕网站)上发布中文字幕文件供别人下载。经过上述赶制工作,这场"生死时速"才算真正完成。

射手网曾经做过一个简单的统计:《越狱》第二季第13集是由"伊甸园"最早发布的,他们从北京时间上午9点30分拿到片源,当天下午4点02分就在网上发布了字幕文件,全过程只用了6个半小时。"伊甸园"的字幕文件发布后,下载数量达到了1万多次,而3个小时后(19点前后)上传的另外一个字幕组的中文字幕,下载量不足其1/10。

通过上述射手网的统计大致可以解释字幕组之间为什么会如此争分夺秒地抢夺译制时间了,它们争夺的并非金钱利益,而是自身影响力。随着一些热门的美剧、英剧、日韩剧的热播,这种争夺首发权的现象在国内各大字幕组中间已是司空见惯。字幕组之间的"抢时间"竞争有其一定的好处:可以促使翻译质量和速度的提高,受众获取资源的时间也大大缩短。但显而易见的是，民间字幕组之间的"抢时间"也造成了不必要的重复劳动，这种重复劳动最突出的表现就是人力资源的浪费。从译制资源配置比上看，大多数字幕组都热衷译制热播的影视作品，只有少数字幕组译制其他作品，这样会大大影响译制作品的总体数量，字幕组只能顺从大众的口味而不能兼顾到其他优秀但冷门的影视作品。另外，民间字幕组的"抢时间"扭曲了字幕组管理层的译制原则，忽视了译制字幕的质量。因此从字幕生产的质量上看，一些字幕组为了抢占先机，会在第一时间抢先出一个没有经过校对的字幕版本，以获得最高的点击量和下载率。在字幕组内部真正校对完毕后，再出一个所谓的精校版字幕，替换之前的未校对版本。这种方法目前极为流行，但一定程度上不利于字幕组同行之间的良性竞争，各个字幕组都为了抢占时间，都注重速度而舍弃质量，使得最早发布的未校对版本越来越差。

二、中级阶段：流动的组织与财政问题

字幕组发展到中级阶段，各个字幕组都已经有了各自译制的擅长领域，并在相应的领域进行"深耕"。比如当时"人人""伊甸园"已经成为美剧译制的排头兵，"破烂熊"是英剧译制的典范，"凤凰天使""澄空学园""枫雪动漫"是专门译制日韩作品的……在各大字幕组表面光鲜的背后，内部的组织结构与资金短缺成为阻碍字幕组发展的新问题。

内部的组织结构问题是字幕组"胎质"中存在的缺陷。从社会属性上看，字幕组属于一种民间自发的个人团体组织，团体组织的重要属性之一就是"松散性"。尽管绝大多数字幕组都有一套看似成熟、紧凑的工作流程，但是字幕组的人员流动是不可控的，再严密的制度也不能解决人员结构松散的问题。字幕组并不以译制影片作为职业，其成员散布世界各地，没有

固定的办公地点，所有人都用自己的电脑工作，通过网络联系。因此，字幕组的"总监""组长"对他们没有工作时间、任务分配的绝对安排权。此外，字幕组成员的译制工作大多是没有报酬的，属于志愿翻译，志愿行为不带有强制性。因此，字幕组中尽管人员众多，但是当一部作品进入流程前，也要依据字幕组内成员的兴趣来分配任务。很可能在字幕组的工作联络群中，很难一直找到固定的人手进行内容译制。再从工作时间看，进行志愿译制的前提是字幕组成员必须有充足的时间，当字幕组成员对本职工作应接不暇的时候，会选择在工作联络群中"消失"一段时间；而当字幕组成员有较长的闲暇时间时（比如学生在寒暑假期间、上班族在年假阶段及"十一"长假期间等），又会集中翻译一堆影视作品。由于字幕组的工作是完全遵从自愿原则的，因此字幕组的人员流动很频繁，这也是为什么在字幕组的主页上常年能看到招聘公告的原因之一。

　　人员流动性大带来的是组织架构问题，流动性的优势在于不断增添新血，但也会给字幕组带来毁灭性的打击。很多人成为字幕组的"老人"之时，也意味着他要离开字幕组：学生时代结束开始工作了，白领升职后工作任务更重了，年轻人结婚后要分配时间带孩子了，等等。这批人译制和传播能力已经达到了很高的水平，对字幕组内部的机制规则也最为了解，但往往在成为"大神"之后就在字幕组群体中退居二线，甚至淡出成员们的视野。这种高流动性群体组织的管理架构极为松散，人员结构、空余时间、译制行为的流动是影响其高效运行的主要方面。由于相互之间的联系依靠社交软件，字幕组内部无法做到真正"手把手"地"传帮带"；由于本职工作的周期性，工作日期间发布的译制作品与节假日译制的作品之间有很大的质量差别；由于字幕组极度依赖组内"老人"，当几位"老人"

同时退出一线的时候,字幕组的译制能力会大幅度下滑,甚至字幕组本身会一蹶不振。

资金短缺和资金分配也是字幕组实力壮大后显露出来的"现实问题"。尽管在第一章的定义中强调过字幕组的标签:无背景、纯公益、趣缘组织、内部成员义务劳动,但没有钱的字幕组是万万运作不下去的。职业译制机构通过与版权方合作、与影视公司签约,获取劳动报酬、人员支持、译制便利等,这些支撑团队的要素都是版权方和影视公司用钱堆起来的。字幕组的财政问题仅租借服务器一项,一年就需要好几万元的费用,这部分钱光靠"总监"和"组长"承担显然是不行的。因此,字幕组经常会使用比较传统的方式来获得资金支持——拉广告。一些知名字幕组论坛访问量巨大,不缺广告商赞助,从而可通过可观的广告费支撑起字幕组的日常运营。但对于一些小规模、名气并不特别响的字幕组来说,资金短缺一直是团队管理层头疼的事情。哪怕是著名的"人人影视",也面临过资金短缺的问题:2014年"人人"每年的广告收入是4万元,而花在带宽和服务器等运营上的费用就达到6万元,不足部分靠内部成员和论坛会员赞助。再如,"漫游"字幕组运行的11年里绝大多数情况下都是由字幕组成员"掏腰包"解决财政危机的,一名字幕组成员接受采访时提道:"组里有位老成员捐款2.3万元,是出钱最多的。"[1]另外,少部分字幕组还存在经济分配的问题。少数字幕组获得广告赞助之后,字幕组管理层首先会将资金用于字幕组运作的日常开支,而剩余经费并不能保证普通字幕组成员从中分一杯羹,这些资金绝大部分落入了论坛管理员的腰包。2012年9月21日,一名网名为"大嘴小

---

[1] 漫游字幕组创始人之一晶晶口述:乌托邦里也有快乐[N].南方周末,2011-11-17.

蘑菇"的网友在天涯论坛上发了一条"爆料字幕组赚钱真相"的帖子,引起了众多网友的跟帖。他在帖子中爆料:"字幕组论坛弹窗广告的收入全部归论坛管理员所有,而与视频网站合作的商业翻译收入,50%以上都被负责人自己赚了,真正负责翻译的基层字幕组成员只能获取数量极少的辛苦费。"[①] 由此可见,从内部层面看,某些字幕组也存在成员利益回报和智力劳动付出的极不平衡问题,字幕组"公平""公益"的原则也难以贯彻。

在访谈中,大多数字幕组成员认为,在字幕组中大家都没收入可以接受,但是只有管理人员拿到如此多的钱,这种分配方式就极不合理。这种状况很容易造成字幕组成员的不满,这也是字幕组成员流失严重、字幕组内部组织涣散的原因之一。另外,字幕组论坛中大量设置弹窗广告,很容易引起成员的反感,带来损失成员的风险。再有,背后支持的广告金主可能会干预字幕组的译制选择,比如金主会让字幕组翻译那些他们感兴趣的影片,这样一来,字幕组的趣缘特征会被弱化。

三、高级阶段:互联网共享经济与礼物经济

互联网中的问题需要依靠互联网的发展来解决。与中级阶段的内部人员流动和财政问题不同的是,发展到高级阶段的网络字幕组能否更加纯粹、更加回归本真?网络社会的崛起,给了字幕组转型的机会:其一是网络共享经济的产生推动了字幕组供给方式的转型;其二是网络礼物经济的出现丰富了字幕组供给方式的类型。

过去海外影视作品的大量供给,基本上是依靠盗版商实现

---

① 爆料字幕组赚钱真相[EB/OL]. http://bbs.tianya.cn/post-funinfo-3637542-1.shtml.

的，因为一直以来海外影视作品的传播是受到严格规定和约束的。那时候，盗版商和观众是分离的，他们是销售者（非生产者）和消费者的关系，是"卖与买"的逻辑。字幕组依托"互联网＋"的思维，打破了传统模式，实现了文化生产力和生产资料的共享。"互联网＋译制"带来翻译群体的扩容，海外影视作品的字幕翻译组更加精良。"互联网＋分发"提升了分享渠道的便利性（数量多、选择多、速度快），论坛、网盘、纯字幕文件已经成为常见的传递方式。最后是"互联网＋用户"改变了我们的文化生活，几乎每一位海外影视作品爱好者都能熟练操作互联网工具，满足自己的审美口味。在"互联网＋"建构的共享生态中，人与人之间的分工不再明显，字幕组成员与用户的身份界限逐渐模糊，每一个人既可以成为"字幕菌"，也可以只做用户，还可以成为双重身份的人物，他们因一个共同的爱好"凑"到一起。基于共场的情感属性，译制作品从商品演变为礼物，传递方式从销售演变为分享。

礼物经济是目前能够解释字幕组经济架构的最贴切模式，该模式以"共享"理念为基础，充分适应主动性文化体系，排斥明显"经济回报型"的体系特征，因此字幕组的经济学模式就是最为纯粹的礼物经济。礼物经济（gift economy）是一种自由价值经济学模式，指的是提供商品或服务者并没有明确的预期回馈对象，也没有预期回馈的内容，许多分享行为出自非制式的习惯。复旦大学的谈洁解释道："在礼物经济交换过程中，给予者没有任何得到价值回报的要求和预期，在字幕组工作模式中体现为成员无偿劳动纯粹的利他主义行为。与之相反，以物易物或者市场经济是用社会契约和明确协议来保证给予者得到或期望得到报酬的规范价值经济学模式。所以，礼物经济概念的提出驳斥了计划经济、物物交换经济和市场经济中认为人的行为都是经过理性计算考量的这一观点，因而以共享为核心理念的字幕组坚决不会在非营利性原则上表现出妥协与犹豫。"①

在礼物经济模式中,字幕组是送礼者,他们把辛辛苦苦译制的作品免费分享给观众,并不向观众索取商业回报,而只希望获得成就感、荣誉感、归属感、需求感、基本锻炼、译制经验……从马斯洛需求理论的角度来看,字幕组的礼物经济模式所形成的"新自由主义工作伦理"是极高层次的,字幕组成员追求社会承认和自我实现,这对于字幕组的发展来说,是良性的、有利的。那么,利用互联网上的礼物经济模式,字幕组能否形成新的文化传播模式?能否激起"鲶鱼效应",对国内文化市场和跨文化传播带来新的可能?

文化哲学:达达主义、文化跨场与天下观

一群志同道合的影视爱好者,参与译制国外的影视作品,经常被看作简单的社会学现象,在普通人眼里,字幕组成员们顶多就是群"有文化的二道贩子"。假使将字幕组译制行为与哲学扯上些关系,也许它真能被称为"达达主义的文化传播者"。"达达主义"的文化可以归纳为:"将双目闭起,将怀疑置于行动之先和一切之上。达达怀疑一切。"② 那么,字幕组就是这么一群一开始就质疑官方译制实力,否定官方限制海外作品引进数量的"达达"。在这群"达达"的行为中,他们或多或少忽视了跨越中外场域的诸多限制性要素,给字幕译制带来一定的"解码"问题和现实隐患。

---

① 谈洁.中国字幕组发展状况与影视产业中的礼物经济[M]//厉震林,胡雪桦.电影研究2.北京:中国电影出版社,2015:140.
② 转引自郑克鲁.法国文学史(下)[M].上海:上海外语教育出版社,2003:225-226.

一、回避现实的"虚拟解放"

20世纪初诞生于西方国家的"达达主义"艺术运动,试图通过废除传统的文化和审美形式、审美趣味发现真正的现实,"达达"们藐视权威,以批判的眼光重新研究传统的前提准则、逻辑基础、秩序和审美概念。字幕组的活动充斥着对艺术、政治、文化热情洋溢的评价和见解,他们贬低官方译制的字幕水平,引进一些未经审核的影片,同时也"翻遍全球",追求传神的翻译与沟通,这是他们的"达达主义"的表现。字幕组以"达达"作风作为标签获得了广大网友的认可。

在很多有关字幕组的研究中,有几个非常独特的视角,比如研究者将字幕组看成一种体现"新自由主义工作伦理"存在的劳动组织,其行为是"解放性的劳动"。这些所谓的"新自由主义""解放性"都是字幕组试图新建一个"字幕文艺场"的态度表达,他们自由自在地从事自己感兴趣的事,不受到政治、经济、文化、习俗的制约。具体可以将字幕组之"达达"分为实在的和虚拟的两部分,实在的"达达主义"包括了字幕组行为、组织架构、经济属性,而虚拟的"达达主义"包含了字幕组依托的互联网空间和传播理念。

实在的"达达主义"是外显的特征。就字幕组行为而言,字幕组不仅能够坚持做到免费共享,并且追求高标准的视听质量。其内部对成员翻译准确度、时间轴精确度的严格要求确保了字幕组所翻译作品的高品质,确保大众可以看到最完美的剧集。他们是新媒体时代网络上不可或缺的文化沟通桥梁,打破了古板体制下观众只能被动接受传统文化的老套模式,在提供诸多选择的同时拓宽了受众眼界,促进了资源的跨文化传播。他们的译制行为甚至瓦解了官方译制、版权方合作译制的权威,形成了更为优秀的译制规范,这种对官方规则的"破坏"

是"达达主义"的宗旨。"达达主义"的另一个重要特征就是不稳定性,字幕组译制作品影响很大,能够在短期内获得明显的传播效果,但是其人员结构极不稳定,也没有稳定的收入来源,这些不确定性直接决定了字幕组成员很容易离开,其组织活动也可能走走停停。

虚拟的"达达主义"是很难被发现的特征。字幕组依赖的互联网环境就是一个"达达主义"的空间,虚拟空间与现实空间是对立存在的,字幕组"躲藏"在虚拟空间中狂欢,强调"心灵、精神、艺术"的统一。就像特里斯坦·查拉在1918年的达达宣言中所讲的那样——"伙计:人怎么可能希望命令无穷无尽、无形无状、变来变去的混乱呢。"在字幕组看来,虚拟空间就是一个没有脚链的自由空间,该空间生产的作品更符合民间观众的审美口味。在传播理念方面,字幕组是依赖虚拟空间实现的,他们追求的效果是前文所述的"礼物":成就感、荣誉感、归属感、需求感、基本锻炼、译制经验……他们的诉求很容易得到满足,对译制作品作为商品出售保持虚无主义的态度。

"达达主义"意味着自由、有个性、弱化规则,但并不意味着无限制的自由、突破法制底线。字幕组挑战了官方翻译与传播的权威,动了版权方的奶酪,其生存的"浮动空间(游离在现实规则和达达主义式的自由之间)"的确很难说得清楚。超脱的形式风格依旧要回归到现实规制中,回应政治、经济、文化的规则的拷问。不过,在字幕组看来,所有的解释、分析与阐发也许都是徒劳的。

二、穿越多重"文化场域"

字幕组译制域外影视作品存在一个跨文化场域切换的问题,当字幕组成员能够自如切换的时候,作品文本的解码结果、不同水平的用户是否能够自由切换，字幕组成员并不能控制。作品文本、解码结果、用户、反馈等能否做到场内外融合，直接影响字幕组译制与传播作品的效果。这里所谓的"场域"，即是布尔迪厄所阐述的艺术规则，一种与社会语境相关联的"场域"。

在布尔迪厄看来，世间所有的文学形式都依赖社会结构，从而他提出"一种结构从属"的观点。映射到字幕组的行为上，字幕组再"达达主义"，也依旧是在社会规范的环境下进行活动的，这就意味着字幕组未来的运作需要考虑如下几个没有解决的"现实问题"：第一，倒逼式视觉优先原则是否真正符合用户的观看习惯，视听分离在未来的译制过程中是否可以解决；第二，场内矛盾有待解决，即作品视角的场内（作品内容）与观众视角的场内（俗习）之关联问题；第三，场外矛盾也需解决，即作品视角的场外（译制者）与观众视角的场外（译制后文本）之间联系的问题。

关于用户视听割裂的问题，字幕组理应"背锅"。在字幕组形成规模影响力之前，几乎所有的海外电影都是通过官方译制的，这些译制片与网络字幕组译制片最大的不同是形式上的不同，即官方译制的作品不仅有字幕，多数还有配音，字幕组译制的作品几乎都是只有字幕而没有配音的。官方引进影片数量不多的年代，也正是字幕组刚出现并蓬勃发展的时期，用户被字幕组丰富的片源吸引过去，实现了"换场"，即从官方渠道消费影视资源转到从字幕组论坛获取影片资源。每当需要收看域外影视作品的时候，用户第一个想到的就是从字幕组论坛上寻找资源，这就达到了布尔迪厄所谓的"占位"。布氏解释的"占位"并不是简简单单地将一群人吸引过来，使人们习惯在某些地方实施行为，而是对资本、权力、力量等要素的占位，是立体的位置体系和空间。全方位的占位使得用户从字幕组论坛上获取影视资源成为本能,他们接受了字幕组"有中文字幕无中文配音"的译制规则。当然,用户往往习惯视听皆为本土的译制方式,但是听觉上的诉求对字幕组来说难度很大。面对资源丰盛的字幕组论坛和视听割裂的影视文本的矛盾抉择,用户往往从观影感受上主动做出妥协,用视觉跳跃的方式观看影片(时而看画面时而看字幕),以达到充分理解剧情的目的。

关于场内矛盾的问题,作为影视作品的生产者是立足其所在国(文化场)的特点进行影视文本书写的,这些影视作品流露出的习俗特征与国内用户并不匹配。即使在字幕译制的过程中,字幕组融入了本国的相关话语,但是字面上的小打小闹依旧无法解决作品文本背后的情境生态、态度表达、价值隐喻等问题。对于观众来说,如果要解读出影视文本背后的诸多隐藏要素,字幕组依旧无能为力。

关于场外矛盾的问题,网络字幕组的翻译水平在绝大多数情况下高于中规中矩的官方翻译机构,他们会使用适合中国语境的话语来贴近中国观众,将一些话语翻译成时下热门的、流行的、通俗的句子。比如《越狱》中的"Preparation can only take you so far"被"人人"字幕组翻译成"谋事在人,成事在天"。但是,有时字幕组为了迎合一时的网络审美需求,用了不少"保质期"很短的表达。当过了一段时间观众再次观看这些译制作品的时候,就容易出现理解偏差。从历史存续的角度出发,过度模糊"场外的矛盾"会导致文化贮存效果大大降低。

三、中国人的文化天下观

从法律场域看,现有的字幕组活动显然是存在瑕疵甚至弊端的。但是从文化场域尤其是中国人的处事原则来看,字幕组在中国的迅速发展，体现了中国人的"天下大同"观念。我们注意到，当下中国人将中国作品翻译到国外并不太在意经济回报问题，就像唐代的李白并不在意别人传抄、传唱他的诗歌一样。

在某种意义上说，字幕组在文化意义上的"盗版"行为，在某种程度上促成了其追求精神层面的共通与交流。字幕组在整个传播过程中占据主导的地位，他们是掌握着资源与技术的"强者"，拥有普通大众所不能涉及的外国影视剧资源及翻译制作传播能力，他们站在文化金字塔的顶端。相对而言，普通网民处于传播的弱势地位，他们能与字幕组形成共鸣，等待他们的"投喂"，这是他们之间的交流方式。基于趣缘，处于"强势"地位的字幕组并没有垄断资源，反而愿意用无偿的方式来满足"弱势"群体对资源的渴求，以达到"视觉民主化"的状态。字幕组努力在自由传播信息的网络空间里争取"人人平等"的文化权利，体现了一种平民意识与大众情怀。在中国的网络空间里，"分享即美德"在今天仍然拥有旺盛的生命力。字幕组成员们在这种质朴价值观的引导下，将大量外国影视作品与大众分享，加上互联网时代大众自媒体的身份，他们分享的影视作品在普通受众之间继续相互传播。同时受众的身份也并非固定的，他们可以从普通网民（被动接受者）向字幕组成员（主动传播者）转变，在前一批传播者的影响下，延续文化意义上的"盗版"，让更多的人可以欣赏到优秀的外国影视作品。

字幕组的行为也得到了网民的回应。在访谈中有网民谈道：如果有可能，很多剧迷都愿意为自己看过的好作品买单。保护版权的意义重大性不言而喻，我们希望有一种办法使字幕组摆脱这种尴尬的处境。虽然我们不知道出路是什么。不排除有的字幕组良莠不齐，有的翻译有点随心所欲，但总体来说，我们认为他们的贡献是远超过这些缺憾的。

> 使人惊讶的是,无论你做什么预测,事实总是被低估了。最极端的预测都落后于现实。……预测未来的最好办法是创造未来。
>
> ——尼葛洛庞帝《数字化生存》

翻遍全球:字幕组与未来的人、技术、制度

字幕组诞生于西方,但是发展壮大的历程在中国。21世纪的头20年,网络字幕组走完了其"大规模组织＋盗版式翻译"的1.0版本时代,接下来字幕组及其代表的全球自发的翻译活动将走向何处?

从字幕组到"字幕菌"

从字幕组到"字幕菌",一字之差,意涵万千不同。菌类可能是世界上分布最广的物种之一,而从官方翻译—商业翻译—字幕组翻译—字幕菌翻译,人类的翻译传播活动的链条又被延长了。如果说字幕组是基于互联网的"自组织翻译行为",那么"字幕菌"就是基于互联网的"个人翻译行为"。

一、菌类的隐喻:无处不在、无时不在、无文本不在

"字幕菌"同"字幕君",最初是指为没有翻译字幕的视频以弹幕形式发送字幕的乐于助人之人(什么是弹幕,参见本书"个案研究")。"字幕君"一般是个人,往往冠以"野生"之名表明与一般字幕组的区别,久而久之"君"就更多地被写成了"菌"。既然字幕组的活动受到各种限制,那么"字幕菌"以"野生"和"游击"的方式出现在网上,那就是逻辑的必然了。如果说字幕组需要以团队方式完成整部作品甚至某类系列作品的翻译传播的话,"字幕菌"只需要在适当的时候"灵光一闪"(例如在作品的弹幕及网上直播活动中给出一两句有哲理的翻译),或者临时翻译某个小视频(例如偶尔翻译一个网红作品)。随着短视频传播、个人化的移动直播等传播形式的普及,"字幕菌"式的译制—传播活动将更加常见。

1.0时代的网络字幕组具有很强的依附性,它的存在必须要以"平台"(BBS、网站、译制团队)和"影片"(有授权的

和没有授权的）为基础。而当下的"字幕菌"可以在某些平台"啸聚"，可能突然在某个短视频中出现（因而不一定需要特别的传播平台），或也不一定关注整个文本（可能只截取其中一段进行译制和传播）。与之呼应的是，如果说 1.0 时代的网络字幕组还会遭遇硬件上的工作阻碍（如电脑、专用字幕设备）的话，那么字幕组 2.0 时代以"字幕菌"为代表的活动，可能只需要一部智能手机或者普通的电脑设备即可，因为大量的软件（语音识别、同步翻译、字幕编辑）已经通用化、普及化了。

从人文的角度来说，字幕组生产出的字幕只能代表影视作品价值的延伸，而从字幕组到"字幕菌"的形式递变，则更充分反映了特定亚文化群体"喜欢翻译、热爱传播""以字幕为媒介进行跨文化传播"的文化意义与个人价值。所以，未来字幕组文化的核心更偏向于参与翻译传播过程的人，而不是译制作品。"菌类"是一个隐喻，接下来"字幕菌"将像菌类的孢子一样在互联网空间中无处不在、无时不在、无文本不在。

二、再造"巴别塔"与更高频的全球翻译传播活动

人类对跨语言、跨文化交流的需求只会越来越强烈，因而再造"巴别塔"的冲动势必会越来越高涨。从这个角度看，未来字幕组也将适应环境、主动转型，而非困于现状、浅吟低唱。

全球化、现代化是一个时空互相压缩的过程，伴随着国家之间、地区之间、族群之间、个体之间交流的加深，必然会出现更高频的翻译与传播活动。从心理学上讲，这些活动满足了人类连接的欲望、观看的欲望和获取知识的欲望。2022 年 7 月 8 日，日本前首相安倍晋三遇刺身亡，按照以往新闻传播的轨迹，人们都要依赖各类大众传播媒体才能了解这一事件的来

龙去脉。令人惊讶的是，由于中国网友对此事关注度较高，大量网友在第一时间翻译了日本媒体的报道视频和文字，其速度和准确度不亚于中国驻日本媒体的工作水平。此外，在随后的几天里，网友们持续搬运日本警方、日本媒体、别国媒体的海量内容，将安倍前首相的生平、涉案凶手的经历、国际社会的反应等，传播到中文网络空间。新闻性、政务类的信息都没有特别强的版权保护诉求，从这个案例能看到"字幕菌"的存在空间与意义。

随着中国越来越走向世界的中心，以往字幕组"中译全球"的现象，有可能进一步演变为"中译全球＋全球译中"。近年来，不少中国影视剧被中外网友翻译为各种语种，在国际视频网站上播出；其他来自中国的作品（如小说、动漫等）也经由"国际翻译志愿者"的搬运，不断突破传统中华文化圈的范围进入世界各地；可以预见的是，接下来来自中国的各类短视频、微视频，也将会被外国网友搬运到国际互联网上。十多年过去了，中国实体经济发展与制造业的转型取得了长足进步，中国的网络字幕组也应该以新面向再出发，中国字幕组、字幕菌在全球翻译传播链条上的功能与定位也一定会发生深刻变化。

AI技术让字幕组消亡？

如果一位从20世纪就开始玩字幕组的朋友站在2022年的时间节点上回望，他可能会觉得当时的字幕组有点"小儿科"。当前基于AI（人工智能）技术的与字幕组活动直接关联的软件或者平台，已经使得字幕组的机械劳动工作量大大减轻。那么，技术会让未来字幕组消亡吗？同样不会！

一、技术更快，还是人更快？

从国际上看，视频网站 YouTube 早已提供了基于 AI 的多语言字幕服务，用户可以根据自己的语言需求，直接在视频页面上勾选自己熟悉的字幕语种。放眼国内，网易的"见外"平台、科大讯飞语音平台、"突字幕"智能平台、Arctime 软件等，若把这些新技术整合在一起，完全可以胜任多国语言互译、全自动语音转字幕、模拟真人配音、文字拆条切分、时间轴批处理等工作。基于这些平台，用户可以在网站上导入视频，在线编辑，并在线导出带字幕的视频；也可以下载 App，在手机上直接编辑。

那么，有了数字化的助手，还需要字幕组、字幕菌做什么？在回答这个问题时，我们必须考虑下列几个因素：人的兴趣点切换极快；技术没法代替人思考和选择；语言符合语法的常态与脱离语法的"出神"状态。

正如我们没法预测下一个网络热点或者"顶流网红"一样，由于人的兴趣点切换的速度极快，我们也难以精确地知道在网上哪些人会关注哪些域外的非母语内容。由此，虽然 AI 等技术手段方便了字幕组和字幕菌的劳动，但是它无法代替他们去选择"翻译和传播哪些内容"。也就是说，技术没法代替人思考，它只是减少了字幕组活动的"机械劳动时间"，而那些"创意劳动的时间"，还得由人去完成。字幕组最为津津乐道的"神翻译"就是"创意劳动"，这些"神翻译"往往"不按套路翻译""溢出字面意义"，是机器难以企及的。因此，AI 技术加快、加持了人类的翻译活动，但是只要人类不放弃自己的主体地位，就永远是技术的主人。技术的快与人类的快不在同一层面上。

二、有人喜欢翻译，有人喜欢看翻译

从人的角度来看，有些互联网用户喜欢翻译与传播，有些用户则更喜欢看别人翻译与传播的内容。字幕组、字幕菌是一群真正脱离了低级趣味的人，他们不满足于自己听得懂、看得懂各类域外文本，还要无偿给一些外语不好的人提供翻译。在"人人影视"被取缔之后，一度行业大趋势是由出价买下版权的视频平台收编字幕组，但这也存在很多问题。首先，视频网站不愿意给出很高价格，按行内有关价格，某视频平台2016年引入的《权力的游戏》（*Game of Thrones*）给字幕组的报价是每集200元至300元，这个价格分到每个人的头上，具有明显的"侮辱性"，还不如做"网络义工"。另一层面，在国内当前的内容引进模式下，很多域外内容注定无法引入中国。例如，由于文化差异，奈飞、迪士尼、Apple TV等媒体平台上的作品无法直接进入中国。

从供给侧来看，字幕组出于兴趣爱好或公益诉求从事非营利性服务，只要内容健康、无涉版权，就没有任何问题。从需求侧来看，只要文化之间、社会内部还存在着信息鸿沟与知识落差，借助互联网来满足人们对一些前沿领域信息的需求，就会有很大的社会效益。古希腊神话中，为人类盗取圣火的普罗米修斯被宙斯锁在高加索山的悬崖上，每天被老鹰叼食肝脏。字幕组不辞辛苦选择、搬运、翻译、传播作品，也具备了类似普罗米修斯的精神。

三、小额移动支付与小型字幕组App

字幕组兴起之初大多为义务组织，无偿做翻译传播活动。一开始字幕组的运作，基本上靠会员自掏腰包支付服务器维护的费用。随着字幕组的发展壮大，字幕组在管理观念、发展方式等方面出现了分化，一部分字幕组依然保留着传统的粉丝义务劳动形式，也有一部分字幕组积极酝酿转型，"小心翼翼"地商业化。常见的商业化方法是刊登广告和有偿翻译合作，我们在前面已经说过，由于版权授权的问题，这些商业行为都存在巨大的风险。时至今日，大规模的公益性字幕组和涉商运营的字幕组在国内基本上都不存在了。然而在当前小额移动支付技术和小型化 App 的支持下，以部落化和个人化为代表的字幕组活动，将以"化整为零"的方式存在下去。

AI 技术的三个要素是算法、算力、数据，任何平台的这三要素都需要投入巨大的人力物力去维护，因而使用这些平台也不可能是免费的。在当前短视频创作热潮中，大量的创作者采用了搬运、重剪（混剪）、翻译域外视频的方法创作内容，这本身就是字幕组活动的一种新变体。如果这些短视频内容生产者要长久存在下去，就必须有持续的内容生产和回报支持。而在此时，各种小额移动支付就发挥了重要作用，各种长视频、短视频平台的打赏、支付等功能的接入，可以满足一般的内容生产者的需要。

此外，原来依赖网络论坛等形式存在的字幕组，也进入了 App 时代。当年的"人人影视"App 被下架之后，先后出现过各种小型的字幕组 App。这些 App 因为有粉丝小额打赏或者购买而活着，当然面对各种网络检查和执法，这些 App 的规模不可能做大。值得注意的是，当年给字幕组带来很多好名声的网络公开课，也以各种 App 的形式存在着，诸如"网易公开课""TED 公开课""译学馆"等 App 上，就聚集了一大批小型字幕组和数量可观的单个字幕菌。

新制度与新空间

一、从弹性劳动、趣味劳动到情感劳动

在前面的讨论中,我们涉及了时间不定的弹性劳动和趣缘群体的趣味劳动等概念。面向未来,人类的劳动形式或许将更多地进入"情感劳动"阶段。正如哈特和奈格里在《帝国》一书中提出的,后现代社会的生产方式是非物质劳动,它所生产交换的是知识、信息和情感,情感在这类非物质商品的交换过程中占据很重要的位置。

这里所说的情感劳动(affective labor)与情绪劳动(emotional labor)不同。情感是人的生命本能的内驱力,"情感劳动"会推动人们朝着有利于身心的积极方向去发挥自身的价值,而"情绪劳动"则是有明确功利主义意涵的。举例来说,空乘人员的微笑服务是"情绪劳动",而各种"为爱发电"的趣缘群体则是"情感劳动"。

作为基于互联网的自发的跨文化交流,字幕组的劳动是典型的"情感劳动"。字幕组的内容生产流程与个体间的合作,充满了各种理想且象征性的秩序安排,也包含着字幕组成员的浅层表演与深层表演,字幕组活动极大激发了情感劳动者积极的体验感和自主性。作为某个外国明星的粉丝和作为某种域外文化的拥趸,本质上都会推动一个人选择生产、传播、消费这个明星或这种文化,"情感劳动"推动了在集体性社会行为中产生的氛围和感觉的蔓延,从而产生出集体的归属感和身份认同感。

英国拉夫堡大学的格厄姆·默多克在《礼物的回馈——网络参与和剥夺》的课堂演讲中提道,新技术发展的确创造了新的融合文化，但同时也为公司提供了接近那些由志愿劳动创造的内容的绝好机遇，传统的消费者正在转变为新型的"产销者"。顺着"情感劳动"的线索，我们遇到的新问题是，"情感劳动"中产生的数据、生成的内容归谁所有？版权中的权，既是copyright中的权利（right），其实也意味着是一种权力（power）：保护版权的核心在于"谁更需要谁？"当作品的重要性大于用户时，作品要被更好地保护，而当用户的重要性大于作品时，则可以考虑让渡作品的权利和权力。从印刷文明到数字文明，人类的文化产品恰恰走过了一个从供给不足到供给充分甚至冗余的时代。

二、后工业时代的文化经济学与版权的创新性使用

现代版权体系的建立和完善体现了对创意产业的最大尊重，但版权的目标并不是阻断文化传播，好东西总要拿出来分享，这点永远没错。互联网发展之初，对著作权的宽容是互联网文化崛起的重要推手之一。无论是1998年美国的《数字千年版权法案》，还是2006年中国的《信息网络传播权保护条例》，其中都有"避风港原则"的规定，即如果内容和链接被认定是侵权，网络服务提供商只要及时删除，就不必承担赔偿责任。时至今日，在网上文化资源足够充沛、我们已经用区块链技术来保护知识产权的时候，"避风港原则"的确不适用了。

从著作权的角度看，字幕组的"二次创作"属于"衍生作品"，至少从目前看，版权方单独与每个二次创作者洽谈授权并不现实，目前国际上最成功的案例是给平台授权的ViKi网站模式（详见"个案研究"）。

ViKi网站上的字幕翻译工作由注册用户担当。具体的模式是，ViKi先购入视频节目的版权，放置在网站上供用户翻译出各种语言的字幕。和传统的网络字幕组制作方式不同的是，

ViKi开发了一套系统,让用户可以在网站上傻瓜式地对号入座填写字幕。在管理这部剧集的频道管理人锁定字幕之前,他们可以随时观看视频,同时翻译,哪怕只是一两个单词。这种协作式的翻译模式,大大提升了多种字幕语言之间的转换速度。

ViKi与一般网络字幕组最显著的区别是强调其提供分享的视频内容均得到了"版权持有人授权"。ViKi的联合创始人及CEO拉兹米格·霍瓦吉米安在接受《第一财经周刊》采访时说道:"风投看重我们的是这个商业模式,这是一种对于观众和内容提供商双赢的模式……未来会改变视频播放的渠道。其实这个是内容提供商最在意的。我们的ViKi证明了其可以帮助提供商开拓市场,并真正盈利。"[1] "有限分享"的ViKi模式,体现了对知识产权的尊重,而这恰恰是ViKi能得到风险投资的原因。基于此,一些影视公司也愿意给它授权、与之合作,借助ViKi的多语种翻译能力,扩大自家产品在国际市场上的影响力。

三、亚文化与主流文化的持续互动

网络字幕组已经走过了二十多年的发展历程,在这期间经历了兴衰更迭,有的发展举步维艰最终解散,有的通过转型获得新生。对于字幕组面临的转型,字幕组参与者的心情是复杂的:"……卑微到无法保护自己,所以只能盘根错节地与众多利益体纠缠在一起。纯粹的理想主义者能活下来必然要舍弃一部分自我。有些时候,他们会对着那部分自我哭。"[2] 粉丝们的心情同样是复杂的:"而我不能对此说什么,甚至不能谴责谁,因为我是中文字幕组的受益者,我无权要求他们(中文字

---

[1] ViKi:字幕无国界 [EB/OL]. http://tech.sina.com.cn/i/2011-12-12/11176478832.shtml.
[2] 张墨宁. "盗火"的字幕组 [J]. 南风窗, 2013 (21): 40.

幕组）永远隐姓埋名下去。如果他们有一天不希望如此了，要走到前台来，得到他们应有的荣耀，这是他们的自由。"①

迪克·赫伯迪格在《亚文化：风格的意义》一书中提道，每种亚文化都要经历一个抵抗和缓和的周期。从对抗到缓和，从抵抗到被"收编"，这样的过程构成了每一个接踵而来的亚文化的周期。网络字幕组的崛起与壮大是中国青年亚文化的一种变体，反映了影像传播和接受机制的变化，这在一定意义上体现了其与主流文化的协商，这种协商是字幕组自身作为亚文化群落身份认同的积极行为。即使是发展到后来，字幕组所面临的尴尬生存状况也是其作为一种亚文化的风格的体现，不管他们是不是面临着生存能力甚至生存权利层面的种种危机，他们都是在用自己独特的方式体现着互联网对社会文化和行为的根本性改变。

面对商业力量的渗入、新技术带来的制度变化、主流意识形态和法律法规的要求，字幕组要想继续获得生存和发展，必须走转型和更新之路。苏州大学新媒介与青年文化研究中心主任马中红教授提出，"打压"和"收编"并不一定意味着赫伯迪格所说的青年亚文化的"死亡"，受到宰制的亚文化可能换一种语境或以另外一种呈现方式复燃，被商业利益吸纳之后的亚文化可能会在商品生产和消费中获得更大的生存空间。② 字幕组的亚文化风格在其与众不同的生存方式中又催生了一些有着连带和顺承关系的亚文化族群，例如字幕配音组、"字幕拼贴族"（热衷参与字幕截图，并发布、转载到其他社交网站以供网友讨论的群体，截取的多为字幕组带有明显恶搞或非常态

---

① 美剧背后的中国字幕组（希望更多人知道那些默默贡献的英雄）[EB/OL]. http：//culture.163.com/06/1204/16/31GV4N7Q00280003.html.
② 马中红. 国内网络青年亚文化研究现状及反思[J]. 青年探索，2011(4)：5-11.

翻译的影视视频截图）等。同时，字幕组也推动着以自身为起点的亚文化消费市场的发展，比如动漫迷、影视剧迷、综艺迷、公开课迷等群体对更优质的内容和更丰富的周边产品的消费。所以，国内外网络字幕组的发展前途没有既定路线与确定版本，但可以确定的是，网络字幕组作为一种文化现象不会消失，作为一个在全世界范围普遍存在的粉丝的松散组织形态也不会消失，它将在未来的人、技术与制度的不断调整中获得新的生命力。

个案研究

越南字幕组概况

越南于20世纪90年代开始了本国的互联网建设。互联网进入越南大体经历了两个阶段：第一个阶段是电子邮件的收发（1993年至1997年11月），第二阶段是TCP/IP链接（1997年11月以后）。1997年11月19日，越南实现了与国际互联网的TCP/IP链接，这标志着互联网在越南的应用迈上了一个新台阶。此后由于越南政府的高度重视，在越南国家互联网指导委员会及相关单位的努力下，互联网在越南发展迅速，这体现在互联网的基础设施大规模建设、互联网的用户人数增加、互联网在社会上的广泛应用等各个方面。

字幕组的起源是随着互联网在越南的普及，网民意识到，很多优秀的电视剧、动画、电影来自欧美、日本、中国、韩国，而越南中央电视台（VTV）等有权引进节目的影视机构，一般引进国外优秀作品的速度非常慢，涉及相关的审批手续也非常繁杂，加上越南民众平均外语水平一般，字幕组由此诞生。

一、越南字幕组的主要类别

2001—2002年间，在动漫字幕组越来越稳定以及受众对国外电影的需求越来越高的情况下，越南字幕组发展的速度和质量不断提高。越南字幕组的成员大部分都是有中等外语水平的高中生和大学生。字幕组的成员一般来自越南各省市，尤其是普遍使用互联网的大城市（河内、胡志明市、岘港），此外还有一部分字幕组成员是在国外留学的越南留学生。

通过搜索资料，笔者了解到，截至目前越南字幕组的类型已比较丰富。从文化作品类别来讲，除了最初的动漫字幕组之外，还有电视剧字幕组、电影字幕组、电视节目字幕组以及音乐影片字幕组等。从规模来讲，可以将越南字幕组分成专业字幕组和非专业字幕组。越南目前规模比较大的专业字幕组主要是：kitesvn.com、phim14.net、tv.zing.vn。可以说，这些字幕组在越南有着强大的语言人才优势，具备了翻译多种影视作品的能力。与其相反，非专业字幕组的活动比较分散。其成员比较少，没有自己的论坛，也没有公共平台，其制作的作品都放在公共网站上（youtube.com）。从商业方面来讲，可以将越南字幕组分成两大类：营利字幕组和非营利字幕组。营利字幕组是由有经济目的者组成的字幕组。它们一般都是一个字幕组和一家媒体公司。字幕组负责翻译影视作品，媒介公司负责提供网站、技术、经济报酬。越南比较大的营利字幕组是：phim14.vn（http：//phim14.net）、ZingTv（http：//tv.zing.vn）。非营利字幕组是由爱好者组成的字幕组，它们不提供任何经济报酬，只提供在论坛上的一些特权和"福利"，比如讨论特权、下载影视作品特权、看信息特权等。

二、越南字幕组的工作流程

和全球字幕组的工作流程类似，越南字幕组的工作流程主要有以下几个步骤：

第一步：获取视频文件。有时是负责片源的人员获取视频，通过网络将视频文件分发给所有人员；有时是各个人员独自寻找并分别获取视频文件。据了解，越南字幕组一般都在d-addicts.com、YouTube、优酷、风行等网站获取视频。

第二步：翻译人员进行翻译。没有字幕的视频需要由有相当好的外语水平的人进行翻译，而字幕组的大部分成员都是中等外语水平，所以他们一般都选择有字幕的视频来进行翻译。这样既可以节省时间又可以降低难度。

第三步：翻译完成后提交给时间轴制作人员制作时间轴。

第四步：制作字幕特效（有时可跳过此步骤）。

第五步：进行压制（主要使用 Megui、Virtualdub、XvidPSP 等软件）。

第六步：检查压制的文件（有时可跳过此步骤）。

第七步：进行发布。

我们将制作和检查时间轴完成之后的所有工作称为后期。有时字幕组仅提供字幕文件，而不提供压制后的视频，这种情况下就不需要进行压制。

用越南语制作的时间轴截图

越南字幕组主要通过论坛和社交平台、YouTube、subscence.com 等途径来发布他们已经翻译过的影视作品。不过，由于版权问题，越南字幕组还是以论坛和自己的社交平台为主要的发布和分享渠道。

越南字幕组的作品发布平台截图

三、越南字幕组互动的方式

越南字幕组使用的互动方式主要是：论坛、FaceBook、Twitter、Google、YouTube、Gmail。每种互动方式都具有不同的特点。

第一种方式是论坛。据笔者的观察，越南字幕组都有自己的论坛。这里主要以越南成立最早、规模最大的字幕组 Kites 为例。笔者进入 Kites 的论坛（http://kitesvn.com/forum）发现，该字幕组的论坛由 12 个专区组成，包括：论坛声明和规定专区、中文专区、英文专区、日文专区、韩文专区、韩国音乐专区、泰文专区、越南文专区、法文专区、字幕组活动专区、会员专区、字幕组成员专区。

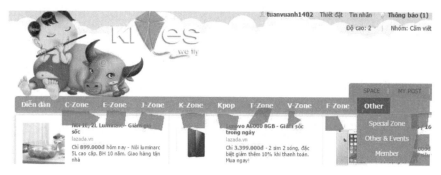

越南成立最早、规模最大的字幕组 Kites 的首页截图

论坛的每个专区再划分为更小的主题和板块：娱乐圈新闻、电视剧、电影、明星幕后新闻、音乐。以中文专区为例，这个专区有五个主题：中国娱乐圈新闻、中国电视剧、中国电

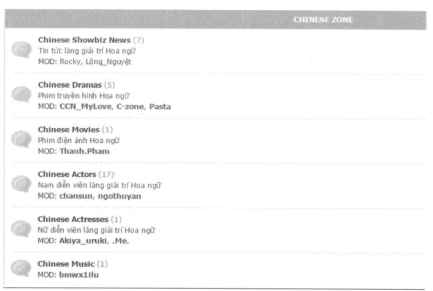

中文影视剧在越南颇受欢迎

影、中国明星幕后新闻、中国音乐。

越南字幕组和受众以发帖和回帖为主要的交流方式。它们的论坛有着严格的管理规定，管理员（admin、mod）有着很高的权限，负责定期审查会员情况，如果违反规定一般由管理员负责处罚。

第二种方式是 Facebook、Twitter、Google 等新兴社交平台。除了在论坛上互动外，字幕组也在这些新兴社交平台发布信息、分享下载影视作品的链接、讨论、招募人员。由于这些新兴社交平台的限制（主题可沉底、可提升，不便于寻找、关注），所以字幕组在这些平台都会选择比较热门的主题来进行讨论或者选择热门影视作品来分享链接。

第三种方式是通过 YouTube。字幕组在 YouTube 上上传影视作品（这些影视作品的版权问题一般都被忽视，比如中国、泰国的影视作品）并直接在 YouTube 上与受众讨论、交流，接受受众的反馈。

四、越南字幕组制作的影视作品

（一）外国影视作品

越南字幕组制作字幕的影视作品主要来自以下几个国家：中国、美国、英国、韩国、日本、法国、泰国、菲律宾等。

越南字幕组一般根据受众的兴趣爱好和推荐来选择影视作品。现在最受越南受众欢迎的影视作品主要来自韩国、中国、美国。笔者通过观察 Kites 的论坛发现，韩国电视剧最受欢迎，其次是华语电视剧，再次是英语电视剧。

（二）本国影视作品

目前，越南字幕组对越南影视作品进行翻译的数量越来越多，包括越南电影、电视剧、音乐、明星新闻等。可以说，越南字幕组这样做是想通过非官方的方式来推广越南的国家形象，此外翻译越南影视作品也是为了给外国朋友提供学习越南语、了解越南本土文化的机会。

越南字幕组现在主要将越南影视作品的内容翻译成英语。主要原因是：英语是世界上使用最广泛的语言之一，英语在越南也是人们使用最多的外语（仅次于越南语），所以对越南字幕组来说，到目前为止英语仍是其第一选择。

VIETNAMESE ENTERTAINMENT

Vietnamese Showbiz (1)
Tin tức làng giải trí Việt Nam
MOD: Pap

Vietnamese Dramas & Movies
Phim truyền hình và điện ảnh Việt Nam
MOD: namy2206, myluckystar.tky, V-Zone

Vietnamese Music
Nhạc Việt
MOD: Joongie_girl, V-musik

Vietnamese Celebrities
MOD: Nuyn

越南网友将本国影视内容翻译成英语进行传播

（本文的合作者为越南籍学生武俊，时为在苏州大学传媒学院留学的硕士研究生）

新加坡 ViKi 字幕社区

ViKi 是服务器设在新加坡的一家著名视频字幕分享社区，截至 2013 年，整个 ViKi 网站上已有超过 50 000 小时的视频内容，分别来自韩国、中国、泰国、土耳其等几十个国家，1.5 亿文字被翻译成 157 种语言，其中甚至包括了克林贡语（源自《星际迷航》里的一种人造语言），公司称这些视频已经被点击观看了总共 10 亿次。

ViKi 的创始人是韩国的文智元（Moon Ji-won）。当她还是哈佛大学研究生的时候，她曾经通过为韩国电影翻译英文字幕来提高英语水平，并在这个过程中产生了建立 ViKi 的构想。2007 年，她和在斯坦福大学读 MBA 的丈夫胡昌城（Ho Chang-seong）以及丈夫的同学拉兹米格一起，创办了 ViKi 项目。

全球每年生产的影视剧，好莱坞只占 15%，其余的则因语言障碍而难为人知。ViKi 瞄准另外的 85%，通过开放式的自由翻译，试图建立一个跨语言的全球影视生态系统。"让娱乐超越语言障碍"成了 ViKi 创办的初衷。2008 年网站上线，最初名为 ViiKii，后来改为由 Video 和 Wiki 合成的词 "ViKi"，意为视频网站中的维基百科。

2010 年年末，ViKi 已从 Greylock、Andreessen Horowitz、Charles River Ventures 等风投机构和一些娱乐业个人投资者手中，获得了 430 万美元的首轮融资，彼时 ViKi 只是一个 11 人的小公司。2011 年 10 月 20 日，ViKi 又完成了第二轮融资，获得 2 000 万美元风投。此后，ViKi 在美国旧金山和亚洲新加坡、首尔三地，设立了办公室。

一、ViKi 的运作机制

短短 5 年，ViKi 从一家名不见经传的小公司发展成为英国 BBC、美国 NBC 等竞相合作的对象，其独树一帜的"字幕组＋视频网站"运作模式功不可没。

（一）融资、购入版权

相比中国字幕组踩在"侵犯版权"钢丝上的尴尬，ViKi 的光明磊落源于最核心的四个字——版权清晰。在 ViKi 的官方网站上，有各个国家的电影、电视剧、音乐、新闻四大分类。ViKi 的"分享细则"中最重要的一点是"提供分享的视频内容均得到'版权持有人授权'，否则不予提供"。ViKi 会对它将要购得的节目内容进行特定的分析预测，找出观众群喜爱的节目形式，只购买那些将会受到观众青睐的节目内容。如此一来，公司的运作经费大大提升，也因此必须将字幕网站进行商业化运作才能够生存。

韩剧《恶作剧之吻》就因为在 ViKi 上完成了 40 多种语言字幕的翻译，并通过在 ViKi 和 Hulu 上的播出，赢得了一大批来自欧美国家的观众的疯狂追捧。据《第一财经周刊》报道，《恶作剧之吻》制作方 Group 8 的总裁 Song Byung Joon 对 ViKi 赞赏有加："我们已经和 ViKi 合作过很多次了，我很高兴看到通过此平台，我们的新老剧集在新市场为我们带来可观的新收入。"

在这种模式下，版权不受损害，并且作品能够得到有效传播。经过这样的良性循环，更多的投资方愿意与 ViKi 合作。2010 年，英国广播公司 BBC 希望借助 ViKi 这一打破语言障碍的平台，将自己的内容翻译为不同的语言版本并输送到更广泛的市场。同年 10 月，ViKi 完成 2 000 万美元融资，所融资金有很大部分用于在美国、东南亚、中国和欧洲等地扩大与视频内容方的合作。

(二) 翻译字幕

据《南方周末》报道，2011年时ViKi社区有50万义务译者，普通用户能随时成为其中一员。之所以译者众多，在于其"维基百科"式的开放式翻译形式。ViKi专门开发了一套系统，让用户可以在网站上"傻瓜"式地对号入座填写字幕。以中国电视剧《步步惊心》为例，在ViKi网站完成注册，进入《步步惊心》的目录页，点击某一集的按钮后，用户就可以一边在网页左侧的视频播放器上收看这部剧集，一边在右侧竖排字幕空格里加注字幕。一个随播放时间滚动的小指针，会提示你应该将翻译字幕填在哪句对应台词的空格里。填上后，就立刻可以在画面左侧的视频播放器里看到自己所做的字幕出现在画面下方。这部电视剧的贡献者名单上，也会出现该用户的名字。

一部剧集经常会有超过500个用户参与翻译，平均每个单词都被编辑5遍以上，这样的方式可以确保字幕的准确度。同时，每部剧集都有担任频道管理的人，当字幕质量达到一定标准后，管理者可以锁定字幕。而在管理这部剧集的频道管理人锁定之前，他们可以随时观看视频，同时翻译，哪怕只是一两个单词。由此，《步步惊心》甚至有了西班牙语、土耳其语、阿拉伯语等小语种版本。长期位居点击量第一的是韩剧《花样男子》——有40多种语言版本，甚至还有波斯语版字幕。

此外，这种多语言字幕共存的平台，也大大便利了多种字幕语言之间的转换。比如，一部泰剧在被用户翻译成英语字幕后，很快就会被翻译成韩语、中文等多个语种的字幕，而不需要等待一个同时精通泰语和韩语的用户出现。

（三）通过广告获益

在运作过程中经常误打误撞地发现一些意想不到却可以获得巨大盈利的缝隙市场。比如 ViKi 的内部数据显示，网站上 70% 的韩剧观众来自美国，而不是亚洲国家。其中一些韩国节目在 ViKi 上有超过 130 万的观众收看。

ViKi 并不是尝试从海外购买节目内容在本国播出的第一家视频网站，除此之外还有 Dramafever、Crunchyroll 及 Viewster 等多家视频网站。而与这些网站唯一的不同之处是，ViKi 是完全基于广告实现盈利。"视频广告"与"网站广告"双收益的方式保证了 ViKi 的完整运作，为之后的融资打下基础，形成新一轮的良性循环。

二、与中国字幕组的对比

（一）国内外字幕组的相通之处

组织结构松散。无论是 ViKi 还是国内上千的字幕组，所有的翻译者都是义务劳动，意味着他们可以随时加入随时退出。没有报酬，除了责任心等内在动力外没有任何明文条例可以约束他们为作品质量负责。义务劳动与组织或多或少的盈利之间的不平衡是影响组织发展的一大隐患。松散的管理对成员积极性的调动等都有不利影响。

翻译成员性质相似。加入字幕组的翻译成员，都不是为了谋利，而是出于对某一部剧集的疯狂热爱或对某一偶像的追捧。"兴趣"是唯一准则。翻译人员的翻译水准良莠不齐，年龄、职业等涉及社会各个层面。

但值得注意的是，ViKi 因为其翻译系统的缘故，哪怕一两个单词也可以参与翻译，故其翻译人员更为庞杂。而国内字幕组的翻译成员则会经过相应的挑选，分工相对明确、具体、集中。

（二）中国为什么没有 ViKi

版权保护意识相对薄弱。ViKi 网站中篇幅巨大的"分享细则",包括了 5 条知识产权公约,22 条网站规定,13 条隐私提示。规定用户不能使用网络加速软件下载剧集,也不能用点对点软件"再分享"内容。而中国的字幕组运作方式为:通过网络或生活在国外的志愿者搜集国外影视作品,配上字幕后再通过互联网及时分享给网友。无法正规引进国外影视作品奠定了中国字幕组"灰色地带"的尴尬身份。尽管每部剧集开篇都有相应的免责条款,但是这并不具备法律效应。国内网民习惯了互联网免费的"拿来主义"与"无限分享",版权观念相当薄弱,在客观上对字幕组的侵权行为起到了推动的作用。

内容管理制度相对严格。由于文化的差异,目前大量域外影视剧不可能直接被引进国内,被列入引进名录的电视剧、电影和动画片,也要经过漫长的审批流程。多年来中国的字幕组第一时间翻译了大量流行美剧,但这些美剧大多因为意识形态、文化差异、资金短缺等诸多原因被排除在官方引进剧集之外。

商业化运作难度较大。尽管字幕组在中国的影响力蒸蒸日上,但从商业化的角度来看,却乏善可陈。绝大多数字幕组至今仍保持着爱好者团体的形态,至少名义上如此。一些字幕组成立多年来主要靠成员捐款维持。少量字幕组通过网站广告、视频广告乃至服务盗版商等方式,获取一定收益,这部分资金主要被用于补贴字幕组服务器托管等费用,这对于字幕组运转成本而言简直是杯水车薪。另据《南方周末》报道,2010 年国内某字幕组曾开发过一个与 ViKi 有一定相似度的在线字幕制作系统,后来他们把这个系统让渡给了国内一家知名视频网站。因为这种形式需要大量服务器资源托管视频,巨大的托管费用是爱好者团体式的字幕组们所无力承担的。

韩剧中文字幕组的发展：
以"凤凰天使"字幕组和"韩剧大直播"为例

韩国影视剧（简称"韩剧"）是"文化韩流"的重要组成部分。20世纪90年代开始，中央电视台逐渐引入韩国家庭剧并在央视八套播出，播出之后反响火爆，引起轰动性效应。21世纪伊始，互联网字幕组的活跃逐渐改变了韩剧迷的观影方式，在众多韩剧字幕组中，影响最大、翻译韩剧数量最多的是"凤凰天使"韩剧社（TSKS）。2014年，《来自星星的你》掀起了"韩流"的又一个高潮，国内各大主流视频网站为满足观众需要，推出了"同步中字直播"的方式，这其中最成功的是土豆网。本文分析以"凤凰天使"为代表的韩剧字幕组及其活动方式，指出其与国内主流视频网站的合作，一度成为跨文化传播的重要现象。

一、"凤凰天使"韩剧社概述

2000年以来，国内的韩剧字幕组先后有"韩迷网""人人影视韩剧精灵""玩玩网""老弱病残"等多家字幕组。这些字幕组有的专注于翻译韩剧，有的侧重于翻译韩国的综艺节目，有的专门翻译韩国电影。"凤凰天使"于2001年正式开始制作韩剧字幕，是其中最大的韩剧字幕组，会员数量一度超过7.5万人，固定翻译人员超过150位。"凤凰天使"译制的第一部韩剧是1998年在韩国SBS电视台播出的由朴信阳、全智贤主演的《我心荡漾》。2010年，"凤凰天使"获得韩国SBS电视台授权，取得了在国内独家制作SBS电视节目中文字幕的合法权利。

网上流传的"凤凰天使"获得韩国 SBS 电视台授权的合同文本

从 2012 年起,"凤凰天使"译制的剧集、综艺全部为授权版,内容涉及 KBS、MBC、SBS、TVN、JTBC、OCN、TV 朝鲜、Mnet、OnStyle 等多家韩国公共电视台和有线台。在国内,当时各大在线视频网站(腾讯/爱奇艺/搜狐/风行/迅雷/芒果 TV/优酷/土豆等)上都可观看到"凤凰天使"译制的作品。从 2013 年年底开始,韩国的几大节目制作公司(S.M、YG、JYP、CJ 等)直接授权"凤凰天使"进行中文译制的合作,观众可前往 CCTV 风云频道的电视数字媒体观看相关作品。同时,从 2013 年开始,"凤凰天使"与香港、台湾地区电视台合作进行韩剧、综艺节目后期翻译制作,开发了论坛手机版(包括 IOS 版和安卓版的手机客户端),充分满足了"追剧党"的需求。

"凤凰天使"的作品发布时间快、制作范围广、翻译质量高,因此迅速成为最受韩剧迷欢迎的第一大韩剧字幕组。"凤凰天使"韩剧社不仅译制韩剧,还译制韩国综艺节目和韩国电影。据统计,仅 2014 年一年,"凤凰天使"译制的韩剧就达

95部,综艺达86部。①

"凤凰天使"发展成为最大的韩剧字幕组,要归功于其背后强大的团队。和英剧、美剧不同,韩剧没有隐藏的closed caption(CC字幕),要制作出一集带有中文字幕的韩剧,需要翻译者具备强大的听译水平。在"凤凰天使"官方微博发布的2015年招新公告上便写道,要想加入"凤凰天使"韩剧社团队,需要精通韩语(朝鲜族或长期在韩人士优先考虑),并且要有较高的听译水平和笔译水平。②而为了保证翻译的剧情原汁原味,字幕组会根据韩剧的不同特色来选择不同的翻译人员。大部分翻译都是通过了韩语六级考试的人员、朝鲜族人士或者在韩留学生。和英美剧字幕组很多翻译都是在校生不同,"凤凰天使"大部分主翻的本职工作就是翻译,有的甚至曾经给韩国总统做过同声传译,如此高质量的团队,确保了翻译的质量和水准。

翻译史剧或者韩国方言,更考验翻译的功力。2013年大热的韩剧《请回答1994》,剧中主演说的是韩国庆尚道方言,不仅语速快,时不时还掺杂着当地的俚语,一般的韩语学习者很难听懂。该剧当时只由"凤凰天使"的一位翻译主翻,他不仅很细心地注意每句话的语法语序,而且还对台词中观众很难懂的"梗"做了标注,让不懂韩语的观众在看剧时毫无障碍,获得了"追剧党"的一致好评。不仅追求速度,也追求质量,久而久之,"凤凰天使"和其他字幕组渐渐拉开了差距,成为不少韩剧迷追剧时的首选。

除了翻译韩剧外,"凤凰天使"还积极推动中韩之间的跨文化传播。"凤凰天使"与韩方电视台和剧作家合作,将自己

---

① 凤凰天使 TSKS 韩剧社 [EB/OL]. http://www.tskscn.com/forum.php.
② 凤凰天使 TSKS 韩剧社官方微博 [EB/OL]. http://weibo.com/fhtsks?topnav=1&wvr=6&topsug=1.

翻译好的剧集或者电影加工成中文书籍出版，包括《请回答1994》《继承者们》《九回时间旅行》《再见，雷普利小姐》《大明猩》等曾经红极一时的韩剧和电影，都出版了相应的书籍。① 2014年，"凤凰天使"还和江苏卫视《带你看星星》节目组合作，并参与电影《继承者们》的前期筹备工作，以及韩国电视剧前期中国方的筹划工作。

网络字幕组是传播技术与趣缘群体的产物，也是加工和传播外来文化的新型中介。"凤凰天使"虽然只是一支几百人的民间"无组织力量"，但借助于互联网，它的传播影响力在年轻人中甚至比官方电视台还要大。很长一段时间，一直作为亚文化群体存在的"凤凰天使"，在成名之后渐渐跟官方接轨，字幕组的工作也得到版权方和传播平台的授权，"凤凰天使"开始从幕后走到台前。相比于其他字幕组，"凤凰天使"这种寻求合作的方式，或许为"在钢丝上跳舞"、屡屡因为版权问题被封禁的字幕组寻求到了发展的新路。

二、"韩剧大直播"与实时翻译

2013年年底，韩剧《来自星星的你》让已经在中国风靡了十几年的韩剧进入了新的传播阶段，"都敏俊 xi""炸鸡和啤酒"成为人们热议的话题，韩剧字幕组的翻译工作也创造了历史。在这之前，一集韩剧要出中文字幕，字幕组要花五六个小时熬夜加工，最快也要第二天凌晨两三点才能发布。在国内"追剧党"的呼吁下，《来自星星的你》的大结局篇，实现了中文字幕的同步直播：国内视频网站爱奇艺利用有道词典采用机器同步翻译的方式，实现韩剧直播中的同步翻译，让国内粉丝和韩国

---

① 亚马逊"凤凰天使韩剧社"[EB/OL]. http://www.amazon.cn/s? ie=UTF8&field—author=凤凰天使韩剧社 &page=1&rh=n%3A658390051%2Cp_27%3A凤凰天使韩剧社.

观众一样，在第一时间观看到了《来自星星的你》的大结局。

此番同步翻译直播之后，"追剧党"便不满足于第二天再观看字幕组字幕的传统追剧方式，纷纷呼吁各大视频网站采用同步翻译技术来播出韩剧。于是，土豆网采用了更先进的韩剧同步翻译的方式，上线"韩剧大直播"频道，《来自星星的你》的接档剧 These days，以每集五倍于前者的价格被引进。区别于爱奇艺的机器翻译，土豆网聘请了两位韩语同声传译来及时翻译剧集，并请速记员将翻译的内容写成中文，这样翻译的准确率远远高于爱奇艺。① 此外，土豆网还引入了弹幕技术，让在线看剧的粉丝实现了"边发弹幕边看剧"的实时互动。在 These days 之后，《Doctor 异乡人》《匹诺曹》《没关系，是爱情啊》《对我而言可爱的她》等大热韩剧从制作发布会开始，土豆网都采用了中文同步直播的方式，极大地满足了"追剧党"同步观剧的要求。

但是，人工同步翻译在极短的时间内将韩语同步翻译成中文难免有不到位或者出错的情况。例如在韩剧《匹诺曹》的大结局直播中，同步直播翻译的一句台词便和第二天字幕组出的翻译有所出入。

土豆网当晚同步中字直播的字幕

---

① 新京报. "弹幕"＋同步传译＝韩剧直播［EB/OL］. http://www.bjnews.com.cn/ent/2014/03/12/308709.html.

第二天"凤凰天使"翻译的字幕

通过这两图比较发现,前图的实时翻译比较粗糙,并且还有语法的错误,后图"凤凰天使"版本的字幕更标准,更符合语法。除了翻译不标准外,同步中字直播还出现过字幕延时等问题。但总的来说,土豆网"韩剧大直播"实现了许多中国人在中国同步观看韩剧的愿望,这不仅是字幕组的一个突破,也是观看海外剧的一大进步。

当时土豆网总裁杨伟东表示,土豆网曾被指责为韩国电视剧和电影的非法流通渠道,但这都已经是过去的事情了,现在相关技术很发达,(侵犯版权的)非法视频都会被过滤掉。杨伟东强调:"我们每年都投入数亿美元购入版权,所以更要注重维护版权。"① 在《来自星星的你》大热之后,每当一部韩剧临近开播,国内各大视频网站都要以竞拍的方式取得该剧在视频网站的独播权。和之前网友私自将字幕组制作的韩剧上传到视频网站供大家观看相比,购买版权播出的方式让观看韩剧更加合法化了。而对于字幕组来说,译制剧集时通常也会和拥有独家播出权的视频网站合作,视频网站会相应地给字幕组一些回报,这让一部分字幕组看到了劳动"合法化"的一丝曙光。

---

① 朝鲜日报. 土豆网将同步直播韩剧 要成韩流通道 [EB/OL]. http://gb.cri.cn/42071/2014/07/16/7671s4617353.htm.

三、韩剧跨文化传播的影响力

从字幕组打着法律的"擦边球",以学习分享、24小时之内须删除的方式发布字幕,到国内视频网站购买韩剧版权实现了韩剧"零时差"同步观看,国内观众观看韩剧的方式有了很大变化。此后,土豆网也顺势而为,从直接引进韩剧到和韩国SBS电视台合作,共同打造出跨国音乐类打榜节目 The Show。2015年,土豆网花高价与爱奇艺竞争,拿到了韩国大热综艺节目 Running Man 的独播权,并且每周四同步直播 Mnet 电视台的 Mcountdown 节目。

播出带动了更多的合作。越来越多的中国品牌开始和韩国电视台合作,在韩剧中也实现了"广告植入"。在大热韩剧《Doctor 异乡人》中,男主演甚至在点外卖时用了淘宝 App,而中国的某化妆品品牌也赞助了该剧,在该剧拍摄期间,还组织了粉丝前去剧组探班、和主演合照等一系列活动,中国模特张亮还客串了该剧。2015年年初 MBC 开播的韩剧 Kill Me Heal Me 就有中国的影视公司参与投资。《来自星星的你》大火之后,韩剧中的中国元素越来越多,中国企业开始与韩流接轨,寻求新的商机。

韩剧《Doctor 异乡人》中淘宝的广告植入

但是,就在土豆网中字同步直播这种方式进行得如火如荼之时,韩剧同步直播却突然因为国家规定戛然而止,《匹诺曹》也成为土豆网韩剧同步大直播的最后一部韩剧。2014年年末,国家新闻出版广电总局颁布新规:从2015年起海外剧引进窗

俏十岁面膜赞助韩剧《Doctor 异乡人》，在片尾打出品牌 logo

口的滞后期约为半年，视频网站引入海外剧播出需要获得许可证。从文化管理的角度看，国家必须要对"韩流"的过度蔓延给予回应。因此，2015年以后，各大视频网站逐步停止了同步引进同步直播的操作。新规发布后，字幕组的活动也必须与之配合，2014年12月30日，"凤凰天使"发布微博称，自2015年1月1日起，本社将停止公开下载链接，仅传达制作更新信息。如需观看本社制作视频，请前往对应版权站观看。

此后，"凤凰天使"论坛一年内仅开放一天注册，甚至全年不开放注册，并且还有定期清理 ID 的规定。不公开下载链接意味着观看韩剧的门槛变得越来越高。2015年伊始，观看韩剧的确变得"偷偷摸摸"了，就连网友们个人在 B 站上传的视频也会在很短的时间内被删除，贴吧里网友分享的下载链接也被视作违规处理。在"海外剧延迟半年播出"的规定下，韩剧又一次成为小众观看的剧种。

四、借鉴韩剧，做强中剧

韩剧之所以在中国如此受欢迎，不仅是因为帅气的演员、跌宕起伏的剧情，最重要的还是因为朝鲜文化和中国传统的儒家文化很相似，观众在观看韩剧时比观看其他欧美剧有更多的文化认同。人类学家爱德华·霍尔依据交际中所传达的意义是来自交际的场合还是来自交际的意义，将文化分为高语境和低语境两种。霍尔的这种分类假定"文化的功能之一是在人类和外部世界之间设定一个具有高度选择性的屏障。在文化的诸多形式里,它给我们指明什么是我们应该关注的,什么是我们可以忽视的"①。霍尔将高语境和低语境定义为:高语境(HC)的交际和信息指的是大多数信息已经由交际者或传播者本人体现出来,只有很少一部分信息是经过编码的方式清晰地传递出来的;低语境(LC)的交际传播正好相反,即大部分信息都以清晰的编码方式传递出来。按照霍尔这样的分类,高语境文化的前三位分别是:日本文化、中国文化和朝鲜文化。高语境文化"更常见于传统文化之中",因而中国文化和朝鲜文化的文化语境最为相近。在高语境文化中,人们相互之间的交际和传播所传递的诸多意义是不需要借助于话语力量的,因为处在这种语境文化中的人具有很高的同质性,他们有着相似的经历、信息网络资源和喜好等。出于传统和历史的原因,高语境文化很少随着时间的流逝而发生变化。高语境文化中所有微妙的信息都会"用间接含蓄的方式交流",并且更加依赖和喜爱通过非语言方式交流。② 信息可以通过推理、手势甚至是沉默传递,不借助语言表达也可以传递。高度的文化认同感不仅让青年人在观看韩剧时感同身受,也使越来越多不同年龄层次的女性观众喜欢看韩剧。

我们可以理解相关管理部门为了保护本土文化所采取的一系列措施,但文化是需要交流的,在全球化浪潮下,官方的文化传播机构应该以更积极的方式应对跨文化传播所带来的一系

---

① [美]理查德·A. 萨莫瓦,理查德·E. 波特,埃德温·R. 麦克丹尼尔. 跨文化传播[M]. 闵惠泉,贺文发,徐培喜,译. 6版. 北京:中国人民大学出版社,2013:143.
② [美]理查德·A. 萨莫瓦,理查德·E. 波特,埃德温·R. 麦克丹尼尔. 跨文化传播[M]. 闵惠泉,贺文发,徐培喜,译. 6版. 北京:中国人民大学出版社,2013:144.

列挑战。外来文化不应该被视为"洪水猛兽",而应该是我们学习研究借鉴的对象。其中,字幕组的发展壮大也是因需而生、应运而生,一味打压并不能解决问题,因为想观看韩剧的观众会想尽一切办法获取资源。互联网时代,大门是永远关不上的。字幕组客观上起到了消弭时间和空间的作用,将世界压缩为一个没有地方性差异的平面。如果没有字幕组,我们将丧失一个很重要的和世界沟通的渠道。在未来的很长一段时间,字幕组不会消失,它只会以不同的方式存在。

(作者为苏州大学传媒学院2014级硕士研究生陆佳楠)

从字幕到弹幕:字幕组文化的一种衍生

2018年和2021年,B站在美国纳斯达克和中国香港证券交易所先后挂牌上市,这可能是中国乃至世界互联网发展史上的一个标志性事件。本文改编自笔者2014年的一篇论文,当时还没想到与字幕组有关的互联网文化能走到这么商业化的程度。

大家对B站早期的创业故事已经耳熟能详,且A站和B站的关系以及两家二次元公司不同的命运走势,也早已经成为大家津津乐道的话题。如果放在2014年以前看,A站、B站都不能算作公司,他们只是小网站,是二次元爱好者的聚集地。当时A站站长Xilin和现在B站创始人徐逸都同属一个名为"搬运九课"的神秘组织。

"搬运九课"是一个以qq群为载体的二次元爱好者聚集地,成员平时从YouTube等国外视频网站上搬运一些二次元作品到国内,这也是外界质疑B站起初盗版的"原罪"所在。"九课"来自当时的日本知名动漫《攻壳机动队》里的公安九课。

A 站创建初期，服务器不稳定，经常宕机，审核很慢，徐逸就产生了自己做一个网站的想法。2019 年 6 月 24 日，这个耗时三天、早期都是网友义务维护的作品正式上线，它就是 B 站的雏形——Mikufans。

此后，一种发源于日本的新型视频分享网站——弹幕网站，逐渐在国内青年群体中流行开来，展现出一种独特的青年亚文化景观。弹幕网站基于一种特别的评论方式，它依靠特殊的程序和播放器，允许使用者在观看视频时发表评论，并将这些评论即时叠加到视频上。这一方式不仅挑战了原来的各种观影体验，而且还与"字幕组""视频分享"等网络文化现象互相关联。本文从对弹幕网站和弹幕族群的观察与描述出发，试图发掘此类小众网站及其使用者的亚文化特性，并将这一现象置于当下青年文化和网络文化的语境中进行分析与思考。

一、弹幕及弹幕网站：小众狂欢的乐园

所谓"弹（dàn）幕"，原本是一种电脑上的射击游戏，当大量子弹飞到屏幕上时，形成弹幕景观。在这里，弹幕可以理解为"字幕像子弹一样飞"。它区别于网页评论区中的用户评论，使用者在观看网络视频时，可以通过播放器实时发出文字和符号的评论，而且这些评论字幕会被保存起来，当视频被（包括发帖人在内的所有用户）再次点播时，评论字幕就会在播放器加载视频文件的同时被载入，并在视频中对应的时间点出现，有的时候多如"弹雨"。当然，用户也可以选择关闭弹幕，或者选择只看某些用户发出的弹幕。

如果我们换一个角度考察观影方式与观影评论的历史，可以发现弹幕评论绝对是一种新颖而特殊的体验。影院观影不允许大声说话，你至多与旁边的亲友耳语两句；家庭观影可以尽情聊天，但是你只能与家庭成员对节目进行评论；一个人对着

电脑看片，最多只能在网页中留言。与上述观影方式都不同的是，基于互联网的即时弹幕能够超越时空限制，构建出一种奇妙的共时性的关系，形成一种虚拟的部落式观影氛围，这种气氛经过强化，可以演变成一种"狂欢"。

这种共时性关系有三种呈现形态。第一，当一部片子在弹幕网站上首次出现时，大量弹幕族会聚集于此，边看边弹（谈）①，制作出这个片子的第一批"弹幕"，随着片子时间轴的前进，评论不断在屏幕上弹出，到了片中的"萌点""笑点""槽点"或是"高潮"部分，这些弹幕甚至布满屏幕，掩盖了大部分影片的内容；第二，只要你和其他的观影者在同一时间观看某部已经有弹幕的片子，你就可以与他们边看边弹（谈），此时还可以看到并评论"前人"的各种弹幕；第三，纵然某一时刻只有你一个人点播某个片子，你依然可以看到他人之前发出的各种弹幕，依然觉得有人在陪伴你"看与弹"。

提供弹幕评论功能的视频分享网站就是弹幕网站，最早流行的弹幕网站是日本动漫网站 NICONICO②。随后模仿 NICONICO，中国也出现了自己的弹幕视频网站。目前国内最著名的两大弹幕网站是 AcFun（弹幕族称之为 A 站）和 Bilibili（中文名为哔哩哔哩，又被称为 B 站）③，此外发展得比较好的还有 tucao 网（亦称 C 站）、豆泡等。弹幕网站与其他视频分享网站的区别在于，它的服务器一般只存储弹幕而不存储视频，其视频来源主要依靠投稿者（被称为"up 主"）的投稿（提供视频的外部链接），因此拥有一批高质量的"up 主"对

---

① 因为"弹"是多音字，此处不妨读作 tán，以和评论的"谈"建立联系。
② 网址为：www.nicovideo.jp，该网站于 2006 年年底在日本上线。
③ 两个中文弹幕网站名字的来历都与日本文化有关。AcFUN 取意 Anime Comic Fun，意为精彩动漫动画；哔哩哔哩来源于日本另一个动漫中男主角对女主角的昵称。

弹幕网站的发展非常重要。此外，"up 主"投稿的内容在题材范围上也和普通视频网站有明显区别，弹幕网站的建立者和早期使用者都是资深 ACG① 爱好者，这使得弹幕网站的内容也集中在这些方面，散发着浓郁的"御宅族"的气息，显得非常小众化。

只有联系到"御宅族"这一点，我们才能理解，为什么弹幕网站的使用者宁愿少看甚至不看视频的内容，用大量字幕布满屏幕也在所不惜——这些网站是他们的某种精神归宿，颇有"另类"色彩的御宅族，在弹幕网站中能找到归属感。他们可以在看同一个视频时一起"嬉笑怒骂"，可以用他们自己才懂的语言交流，可以形成一致或近似的观点。在这样的心理机制下，越来越多的网站用户愿意以资深玩家或者资深"up 主"的身份出现，以此显示他/她在这个亚文化群体中的位置。

在弹幕网站出现之前，特定的字幕组、视频分享网站、贴吧、论坛的某些频道和板块，都是御宅族的群聚之地。弹幕网站的出现整合了上述互联网资源，字幕组提供片源和翻译，视频分享网站提供存储片源的空间，贴吧和论坛里面的评论与视频中的弹幕互相震荡，使得御宅族的网络沟通链条更加完整，互动更加及时。那么，弹幕网站和弹幕亚文化通过互联网获得了哪些发展空间？在各种文化的对话中，弹幕网站和弹幕族是否受到主导文化的约束和调整？这样的亚文化形态为当下的互联网增加了哪些新的内容？

---

① 英文 animation、comic、game 的缩写，是动画、漫画、游戏的总称，通常不包括日本以外的作品。ACG 爱好者与"御宅族"的含义在很大程度上是重合的。本文讨论的弹幕族，和御宅族也有很多的交集。当然还要说明的是，国内目前对"宅"这个词的使用，意指"待在家里不愿意出门"，这已经偏离了日本"御宅"的原意。

二、弹幕族：准入机制与内部活动

虽然早在2008年前后，弹幕网站就已经在中国出现，但至今弹幕网站并没有进入多数普通网民的视野。在日本，弹幕网站是御宅族的天堂，当弹幕被引入中国后，这一状况依然没有改变。根据笔者在国内的考察，弹幕使用主体——弹幕族的主要特点是：在青年中的比例不算大，但是绝对数量不小；喜爱日本文化，狂热追逐日本动漫、影视剧、游戏等并乐在其中。

我们认为，真正的弹幕族主要由两类人构成，一类是热衷于观看弹幕视频并且经常发弹幕的网站使用者，另一类是高质量的"up主"，当然这两类人的界限并不是清晰的，很多弹幕族成员往往兼而有之。

从较低的层次看，要成为弹幕族的一员，至少要懂一套约定俗成的语言体系，共同偏好某些主题，并对特定的情节、画面、声音产生特定的反应。例如，弹幕族经常使用许多"暗语"："阿姨洗铁路"，即日语"我爱你"中爱（してる）的谐音，在弹幕用语中表示对大量弹幕充斥屏幕的视觉效果的称赞；"查水表"，表示"知道的太多了"；"地球君又便当了"，意指"地球被轰炸得面目全非"，一般当视频中出现破坏性力量时使用。因此，很多非族群成员不能理解弹幕网站上这些圈内暗语，也就不能理解弹幕族从中获得的欢乐。

从较高的层次看，弹幕族还必须成为高质量的"up主"。高质量的"up主"是每个弹幕网站核心内容的组织者或生产者，其工作主要是以下三个：选片、考据、制作。

以A站和B站为例，"up主"选的节目可分为三大类。第一类是来自日本的动漫"新番"①和电视剧,而且很多是日本电视台深夜播出的小众节目,主题与内容比较生僻,片源也不容易获得,因而此类视频的爱好者往往会追捧相关的"up主"。第二类是网友分享的适合吐槽的视频、音频,包括新闻、纪录片、短片、游戏视频等,但其中一定要有适合他们的"笑点"或"萌点"。最后一类是推荐其他网友自制的视频、音频,这一类内容中不仅有网友根据已有的视频节目进行的重新拼贴组合、恶搞,还有网友利用各种软件制作的特效音频或二维、三维动画。

投稿能否被弹幕网站接受,能否获得弹幕族的认可,取决于一段时间内弹幕族关注和喜好的变化,也取决于"up主"的推荐。在这时,"考据"的作用就体现出来了。"考据"即点明视频中的某些情节或内容的来源,例如视频中的建筑、交通工具等物品来自现实世界的何处,一段音乐的素材来源,服装设计的灵感出处。"考据"工作既需要有亚文化精神,也需要有对日本文化的理解,还要把这些与时下的种种网络表达、社会文化现象结合起来。视频中出现一个精当、到位的考据可以瞬间提升弹幕的数量,也能提升视频的点击量,而大量的点击可以让"up主"在网站中获得更大的权力(如提高观影网速、看到更多资源等),增加自己在圈内的知名度。

"制作"这个环节是资深弹幕族必须要完成的任务。视频内容如果是来自互联网,那么下载、翻译、考据、定稿、上传这些流程都属于制作,这些工作与"字幕组"工作基本相同;如果是自制的视频,那么包括拍摄、剪辑、字幕、配音在内的工作量可能会更大。为了突出弹幕的趣味,有的视频甚至没有画面,只有背景音乐("纯弹幕"),作者采取各种弹幕手段,在

---

① 日语"新番"即"新节目"。

圈内展示和分享"弹幕之美"①。当然，这样的作品上线之后，又会并入观看者叠加上去的评论，形成"弹幕的弹幕"。

由于目前网络技术等的限制，弹幕网站的视频不能支持太多人同时观看，一部视频中弹幕的数量也不能无限增加。因此，这些网站往往采用会员制，级别越高的会员就能享受越多花样的弹幕。沟通的区隔、内容的偏向、技术的限制，这些为弹幕和弹幕文化建立了一个无形的准入机制，使之存在于一个范围有限而特征鲜明的亚文化群体之内。

三、弹幕的亚文化景观：对文本有偏向的"二度加工"

晚近以来的文化研究倾向于认为，与作品（work）的完整、封闭不同，文本（text）是"一个开放、无限的过程，它既是意义生成的场所，也是意义颠覆的空间"；同时，文本也是一个"开放性、充满异质、具有破坏性的表意和改写的力量，这一力量超越一切封闭性的结果"。② 弹幕的出现，淡化了"传播者"与"传播内容"的概念，为文本的"二度加工"提供了大量空间。这里的"二度加工"，有别于传统接受美学的"二次创作"相关概念，主要体现的是弹幕族对原有文本进行的解说（包括曲解）、颠覆、重构、恶搞等。

在屏幕传播（screen communication）时代，当一个人无法对面前的视频做出修改时，能在上面写点什么恐怕确实是一个不错的选择。从内容上看，弹幕可以分为基于视频文本的弹幕、游离于视频文本的"闲聊式"弹幕、无文字的"效果型"弹幕三类。基于视频文本的弹幕又可分为翻译解说、吐槽（正

---

① 很多弹幕族认为弹幕有其独特的美感. 参见：bilibili 网站著名弹幕族成员"弹幕娘"的空间 [EB/OL]. http://space.bilibili.tv/65413/4227.html.
② 译文转引自张英进. 多元中国：电影与文化论集 [M]. 南京：南京大学出版社，2012：110.

面的或负面的)、调侃等。如日剧中当女主角闻到心仪男生的毛巾时，有人弹出"这酸爽，不敢相信"的方便面广告语，让其他观者纷纷惊叹并跟进评论。"闲聊式"字幕既有发表者对自身观影时所处状态的描述，也有无意义的情绪表达，还有对已有弹幕的随意吐槽。无内容弹幕则是利用各种字符形成有特殊效果的弹幕，如当剧中男女主角的情感发展到高潮时，会出现满屏的粉色心形弹幕的景观。

国内互联网上流行的"空耳"恶搞，也被弹幕族用来制作"空耳字幕"。"空耳"一词来源于日文，是"幻听"的意思。很多人在最初学英语时会在"Thank you"旁边标上中文"三克油"，这就是"空耳"。"空耳字幕"是指，故意利用字幕语言（如中文）与原声语言（如日文）相似的发音，写出与原声歌词或对白毫不相关的字幕，以达到恶搞或双关的目的。如韩剧《大长今》中的歌词被配以"武大郎挨猪打"的字幕。在弹幕网站中，网友们会利用弹幕实时贴字幕的功能进行实时空耳，并与画面匹配。一个典型的例子是B站上流行的视频"那些年我们空耳过的电视剧歌曲精选"[1]，在这个视频中，可以看到多个用户利用弹幕在视频上进行空耳，形成"空耳PK"的局面。

除了空耳外，网友还会自配画外音或重译字幕。这些对文本的再加工往往偏离了文本最初的传播意图，可以看作一种更为便利的即时"曲解"或"恶搞"。这样，基于原有视频，网友通过弹幕完成二度加工与传播。在这种传播中，原本作为传播对象的受众掌握了二次传播的主动权，而视频本身反而处于被改写、被挪用的地位。

---

[1] 参见：http://www.bilibili.tv/video/av276393.

四、网络文化与弹幕亚文化的互动

因为都涉及"字幕",弹幕族与另一种网络亚文化现象"字幕组"有着天然的联系。我们在讨论"字幕组"的时候,常常提及字幕组最早出现在20世纪70年代末的美国,当时一些美国青年为了看日本动画片而产生了"自己翻译"的念头。不过根据笔者的考察,到目前为止美国却没有出现同等规模的弹幕网站。另外,日本NICONICO的用户绝大部分是日本人,网站曾经开设过德语和西班牙语的网页,但是后来都关闭了,目前其英语网页也很简单。① 笔者认为,除了版权保护比较严格的原因之外,弹幕网站所形成的这种"围观"与"众生喧哗"的氛围,与英美文化多有抵触,而这恰恰与中国人的行为习惯颇为契合。因此,弹幕亚文化是日本青年亚文化对中国青年亚文化的一次"定向衍射"。

同时,弹幕文化进入中国之后,也与中国互联网文化产生了各种互动。弹幕亚文化既与互联网上占据主导地位的文化形态进行了一定意义上的对抗与协商,同时又不得不受到主导文化的影响。

从2010年到2013年,A站连续4年在春节发布"联欢晚会"的弹幕视频,其内容多为日本动漫和影视剧的主题歌集,加上各种动漫和影视剧的主人公形象,配以汉语字幕和解说,引来了众多网站会员在除夕夜竞相弹幕。这些视频反映了弹幕族庆祝春节的方式。

另一个有意思的细节是,在B站2013年热播的日剧《一吻定情》的最终话(大结局)中,当剧中男女主人公最终确定

---

① 维基百科"niconico"词条[EB/OL]. http://zh.wikipedia.org/wiki/NICONICO%E5%8B%95%E7%95%AB.

"在一起"的雨中之吻出现时,整个屏幕被来自各地的"贺电"弹幕铺满。这种"贺电"更是对央视"春晚"曾经保持多年的"贺电"环节的借用。

从另一个方面看,从字幕组到弹幕网站一直存在的版权侵权问题,似乎也出现了某种微妙的变化。有些版权机构和版权商开始认为,虽然字幕组和弹幕网站涉嫌未经许可使用其版权的问题,但是通过这些"搬运""翻译""弹幕"活动,版权商拥有者可能获得了更大的潜在受众市场,有可能获得更大的盈利空间。因此出现了弹幕族与版权拥有者的合作,上述《一吻定情》就是一个很好的例子。

《一吻定情》是2013年三四月间在日本播出的一部深夜档日剧,最初由"深夜剧bar"字幕组在B站上首发。一开始,这部日剧在B站上并不受期待,男主角的相貌还被众网友调侃。但随着剧情发展,《一吻定情》得到了弹幕族的认可,在B站上的点击率也水涨船高。《一吻定情》最初由字幕组译制并搬至弹幕网站时,版权问题处于法律的灰色地带,但其在网络走红引起了主流商业媒体的注意。从第10集起,主流视频网站爱奇艺买断了该剧在中国网络传播的版权,仍由"深夜剧bar"翻译并在爱奇艺和B站上播出。爱奇艺的介入让《一吻定情》的播出从"地下"转至"地上",从小众转向大众,也使得B站在国内的知名度陡增,但是B站上的播放界面全部被改为爱奇艺的播放界面,同时被插入了大量商业广告。因此,爱奇艺的介入也引起不少弹幕族的不满,在B站《一吻定情》第10集片首,对广告和播放界面的吐槽贴满了整个屏幕。

结语

正如有关专家在论述当下网络青年亚文化时所言:青少年熟谙网络和各种新技术手段,他们以父辈不了解的图像、数据、多媒体视频、新词语作为"武器",在自我与成人世界之间筑起一道自我保护的"高墙"。这种通过技术壁垒逃避和主动隔绝主流文化以及成人世界文化,在虚拟"高墙"之内演绎别样人生的青年文化态势,是以往所没有的。[1] 因此,我们在研究弹幕亚文化及其群体时,也应该考虑以下几点:

首先,我们必须正视弹幕族的存在及其给青年文化带来的影响。根据笔者对身边高校师生的询问,大多数教师对"弹幕"毫不知情,略知一点的基本上对此嗤之以鼻。但是在学生中间,很多人热衷于此,甚至有不少人因此开始学习日语。弹幕族是一个围绕着弹幕网站的松散群体,笔者发现,就大学范围内而言,不少学生在读书期间会参与其中,在毕业之后则逐渐淡出。我们必须承认,有些弹幕的内容确实比较"三俗",也有些弹幕像白日呓语,但是这一亚文化形态也给年轻人带来了文化交流的活力,激发了他们在技术与语言上的创造力,反映了青年人在文化和心理上的多样化诉求。

其次,弹幕网站的一系列现象再次表明,主导文化和亚文化可以实现一定的互动。活跃的亚文化群体往往能够创造出许多富于新意、富于趣味,足以影响主导文化的"卖点"。《一吻定情》等剧最初由小众的、非营利的字幕组译制并引入国内,弹幕网站带给观影者新颖的观影体验,无形中为该剧进行了网络预热。此时爱奇艺介入,节省了大量找剧、译制、推广影视作品的人力物力成本。正规化、商业性的媒体拥有资本优势和专业优势,可以让这种游击式的、不够成熟的亚文化在某些层面上发展壮大。

最后,主导文化可以考虑如何形塑、引导亚文化形态及其传播平台。在互联网上资本与商业力量的介入是强势的,商业

---

[1] 马中红. 马中红教授谈青年亚文化[N]. 东方早报,2012-05-11.

力量的介入势必会引起原本不受拘束的亚文化群体的反感甚至抵制，因此主导文化的影响能否是渐进的、柔和的？继《一吻定情》之后，爱奇艺又与B站展开了更多的合作，而A站和B站也都逐步从原来的个人网站转变为网络公司，它们都在寻找自己的商业模式和盈利模式，这些举措会让弹幕网站保持原有的风格吗？还是会带来弹幕网站的转型？同时，与之相连的弹幕族、字幕组、御宅文化等又会对其施加何种新的影响，这些依然有待观察。

（本文发表于2013年10月的《青年探索》杂志）

参考文献

一、著作

1. 陈禹安. 人性之根 互联网思想的本质 [M]. 北京：东方出版社，2014.

2. 胡凌. 探寻网络法的政治经济起源 [M]. 上海：上海财经大学出版社，2016.

3. 李健. 文学语篇翻译的多维研究 [M]. 长春：东北师范大学出版社，2017.

4. 李苗. 新网民的赛博空间 [M]. 北京：经济日报出版社，2015.

5. 雷蔚真. 网络迷群与跨国传播：基于字幕组现象的研究 [M]. 北京：中国传媒大学出版社，2012.

6. 邵燕君. 破壁书 网络文化关键词 [M]. 北京：生活·读书·新知三联书店，2018.

7. 谭慧. 中国译制电影史 [M]. 北京：中国电影出版社，2014.

8. 谭雪芳. 虚拟异托邦 关于新媒体动漫、网络传播和青年亚文化的研究 [M]. 桂林：广西师范大学出版社，2016.

9. 陶东风. 粉丝文化读本 [M]. 北京：北京大学出版社，2009.

10. 王一川. 大众文化导论 [M]. 北京：高等教育出版

社，2004.

11. 郑永年. 技术赋权：中国的互联网、国家与社会［M］. 北京：东方出版社，2014.

12. 张斌. 重屏时代：媒介转型中的影像新景［M］. 北京：中国电影出版社，2017.

13. 张东东，姜力维. 功能翻译理论与应用笔译研究［M］. 哈尔滨：哈尔滨工程大学出版社，2015.

14. 赵玉宏. 影视产品跨文化传播与我国文化软实力建设［M］. 北京：经济日报出版社，2015.

15. 安德鲁·查德威克. 互联网政治学：国家、公民与新传播技术［M］. 任孟山，译. 北京：华夏出版社，2010.

16. 安东尼·吉登斯. 现代性与自我认同：现代晚期的自我与社会［M］. 赵旭东，方文，译. 北京：生活·读书·新知三联书店，1998.

17. 戴维·冈特利特. 网络研究：数字化时代媒介研究的重新定向［M］. 彭兰，等译. 北京：新华出版社，2003.

18. 迪克·赫伯迪格. 亚文化：风格的意义［M］. 陆道夫，胡疆锋，译. 北京：北京大学出版社，2009.

19. 吉莉安·道尔. 理解传媒经济学［M］. 李颖，译. 北京：清华大学出版社，2004.

20. 詹姆斯·罗尔. 媒介、传播、文化：一个全球性的途径［M］. 董洪川，译. 北京：商务印书馆，2005.

21. 杰夫·豪. 众包：大众力量缘何推动商业未来［M］. 牛文静，译. 北京：中信出版社，2009.

22. 派卡·海曼. 黑客伦理与信息时代精神［M］. 李伦，等译. 北京：中信出版社，2002.

23. 约翰·费斯克. 理解大众文化［M］. 王晓钰，宋伟杰，译. 北京：中央编译出版社，2001.

24. 张谦,刘淑敏,迈克尔·布雷克. 越轨青年文化比较 [M]. 岳西宽,译. 北京:北京理工大学出版社,1989.

二、期刊文章

1. 包晓峰. 影视翻译的网络化存在:字幕组现象剖析 [J]. 电影文学,2009(4):135-136.

2. 曹晋,张楠华. 新媒体、知识劳工与弹性的兴趣劳动:以字幕工作组为例 [J]. 新闻与传播研究,2012(5):39-47.

3. 陈霖. 新媒介时代青年亚文化的伦理冲突及其建设性资源 [J]. 青年探索,2013(6):13-18.

4. 成云. 字幕组引发全球同步剧集 [J]. 西部广播电视,2007(3):24-25.

5. 高坤. 新媒体时代网络字幕组的跨文化传播研究 [J]. 东南传播,2012(9):143-144.

6. 韩双. 互联网字幕组的争议性和发展方向:以TLF字幕组为例 [J]. 语文学刊,2014(3):62-63.

7. 厉国刚. 字幕组在电视剧国际传播中的作用与战略 [J]. 今传媒,2015(12):10-11.

8. 李丫. 浅谈网络字幕翻译组存在的问题 [J]. 佳木斯职业学院学报,2016(8):327.

9. 刘文浩. 字幕组:互联网时代的电视镜鉴 [J]. 南方电视学刊,2012(6):104-105.

10. 卢林茜. 国内网络字幕组现象初探 [J]. 大众文艺,2014(5):175-176.

11. 马铭聪. 从跨文化传播角度分析当前我国的海外剧字幕组 [J]. 东南传播,2012(11):42-44.

12. 马中红. 商业逻辑与青年亚文化 [J]. 青年研究,

2010 (2): 60-67.

13. 马中红. 国内网络青年亚文化研究现状及反思 [J]. 青年探索, 2011 (4): 5-11.

14. 满堂喝彩. 从字幕组到配音组 [J]. 电脑迷, 2007 (22): 85.

15. 邱林川. 新型网络社会的劳工问题 [J]. 开放时代, 2009 (12): 128-139.

16. 孙黎. 青年亚文化视角下的网络字幕组文化 [J]. 编辑之友, 2012 (4): 58-60.

17. 孙黎, 彭爱萍. 中国字幕组: 网络亚文化生产场域中的困境与博弈 [J]. 重庆邮电大学学报 (社会科学版), 2016 (1): 81-86.

18. 孙黎, 彭爱萍. 中国网络字幕组文化的时代内涵与价值意蕴 [J]. 新闻爱好者, 2016 (2): 33-36.

19. 王冰. 影视字幕组法律问题探析 [J]. 法制博览 (中旬刊), 2012 (6): 36-37.

20. 王磊. 网络视频字幕组获利渠道分析 [J]. 电影新作, 2012 (2): 9-12.

21. 王楠. 从"玩家"到"专家": 跨文化语境下字幕组的历史溯源与传播实践 [J]. 电影评介, 2018 (18): 10-15.

22. 王平."隐秘的流行"路在何方?:"字幕组"翻译面面观 [J]. 电影评介, 2009 (17): 63-64.

23. 王彤, 陈一. 跨文化传播下的字幕组: 在看似侵权与违法的背后 [J]. 传媒观察, 2014 (4): 14-16.

24. 吴晓芳. 字幕组: 美剧"汉化"的背后 [J]. 世界知识, 2011 (1): 52-55.

25. 燕道成, 陈曦. 从美剧字幕组看我国网络字幕组的发展困境与趋势 [J]. 传媒观察, 2016 (8): 26-28.

26. 杨蕾. 大众文化视域下的中国字幕组 [J]. 传播与版权, 2016 (7)：184-186.

27. 杨嫚. 字幕组与日本动画跨国传播：受众主动性的悖论 [J]. 新闻与传播研究, 2012 (5)：48-55.

28. 姚建华. 数字劳动的"永动"机制：何以可能？[J]. 新闻战线, 2019 (17)：57-58.

29. 余冰珺. 字幕组在跨文化传播中的角色分析 [J]. 今传媒, 2012 (10)：139-141.

30. 张斌. 中国字幕组、数字知识劳（工）动与另类青年文化 [J]. 中国青年研究, 2017 (3)：5-12.

31. 张静. 字幕组离开，新时代到来？[J]. 电子知识产权, 2015 (C1)：38-39.

32. 张墨宁. "盗火"的字幕组 [J]. 南风窗, 2013 (21)：37-40.

33. 张书乐. "字幕组"剧终还是待续 [J]. 法人, 2015 (1)：64-65.

34. 张晏毓, 谭慧. 新媒介环境下中国网络字幕组初探 [J]. 信息技术与信息化, 2017 (7)：114-115, 118.

35. 朱敏, 何莉. 美剧《权力的游戏》字幕翻译之方法 [J]. 宿州教育学院学报, 2019 (4)：37-39.

36. Sean Leonard. Progress against the law: Anime and fandom, with the key to the globalization of culture [J]. *International Journal of Cultural Studies*, 2005 (3)：281-305.

三、学位论文

1. 曹玉昊. 字幕与小说译本中文化专有项翻译的对比分析——以英剧《是，大臣》系列及其改编小说为例 [D]. 济南：山东师范大学, 2019.

2. 陈书君.网络视频字幕翻译中非语言信息的转换——以有道字幕组的英译汉项目为例［D］.上海：上海外国语大学，2018.

3. 陈宇鹏.关联理论视角下影视字幕中的幽默台词翻译研究［D］.成都：四川外国语大学，2017.

4. 邓锴俐.传播学视角下的国内日剧字幕组研究［D］.成都：西南政法大学，2016.

5. 窦文峥.亚文化视角下"野生字幕君"迷群文本生产与生存困境研究——以 bilibili 网站为例［D］.南京：南京大学，2019.

6. 傅梦.从职业义务伦理及安德鲁·切斯特曼的翻译伦理角度看中国字幕组现象及其翻译［D］.上海：上海外国语大学，2018.

7. 谷亮.叛逆与快乐［D］.北京：中央民族大学，2007.

8. 何艾玲.中国民间自发与官方正式翻译团体的翻译对比研究——以日本动画字幕组为例［D］.北京：北京外国语大学，2017.

9. 奂森元.我国网络字幕组发展困境及其管理机制研究［D］.长沙：湖南师范大学，2016.

10. 贾少霞."凤凰天使韩剧社"字幕组迷群的参与式文化研究［D］.长沙：湖南师范大学，2015.

11. 江宁.基于 TLF 字幕组的网络社区迷群认同机制研究［D］.福州：福建师范大学，2012.

12. 李欢欢.字幕类型与认知风格对不同知识类型教学视频学习的影响［D］.武汉：华中师范大学，2018.

13. 李捷.当前美剧在中国的网络传播研究［D］.哈尔滨：黑龙江大学，2016.

14. 林青华.国内字幕组传播现象研究［D］.郑州：郑州

大学，2016.

15. 刘晓静.盗猎的游戏：国内影视字幕组文化研究［D］.西安：西北大学，2011.

16. 刘彦杰.中国美剧字幕组研究：合作模式与翻译动机［D］.重庆：西南大学，2017.

17. 鲁娜.字幕翻译的革命：对美剧字幕小组的研究［D］.天津：天津财经大学，2009.

18. 任捐献.新媒体环境下韩剧在中国的跨文化传播特点研究［D］.保定：河北大学，2015.

19. 孙佳燕.传播学视角下的纪录片字幕翻译——以《鸟瞰德国》第一季的两个中文字幕译文为例［D］.北京：北京外国语大学，2019.

20. 唐敏珠.网络汉化的传播与影响（2001—2015）［D］.上海：华东师范大学，2017.

21. 汤玥.多元身份认同与文化抵抗——跨文化传播视域下的美剧字幕组个案研究［D］.南京：南京大学，2012.

22. 王翠莹.网络剧字幕翻译中的语用失误及对策——以美剧《权力的游戏》深影字幕组译本为例［D］.福州：福建师范大学，2018.

23. 文远明.异化与归化理论指导下的影视字幕翻译实践报告——以《间谍之桥》为例［D］.武汉：华中师范大学，2016.

24. 吴燏.传播学视角下的国内日本动画字幕组研究［D］.长沙：中南大学，2010.

25. 杨松.日本动漫在中国的传播［D］.北京：中国艺术研究院，2018.

26. 袁之洲.人人影视字幕组的网络译介文化研究［D］.南充：西华师范大学，2018.

27. 张萌. 美剧在中国的跨文化传播研究 [D]. 天津：天津师范大学，2012.

28. 张梦. 情感游戏与身份认同：韩剧字幕组粉丝群体研究——以凤凰天使字幕组为例 [D]. 南京：南京大学，2015.

29. 张楠华. 传播新科技与弹性的志愿劳动——以字幕组为例 [D]. 上海：复旦大学，2013.

30. 张申际. 日剧在我国的网络传播及影响研究 [D]. 南宁：广西师范学院，2017.

31. 张天翼. 美剧《傲骨之战》字幕汉译项目报告 [D]. 南京：南京师范大学，2018.

32. 张雯婷. 字幕组的网络传播路径与传播效果分析 [D]. 广州：暨南大学，2013.

33. 朱艳文. 亚文化视角下的国内网络字幕组研究 [D]. 苏州：苏州大学，2014.

34. Danielle Leigh Rich. *Global Fandom*：*The Circulation of Japanese Popular Culture in the U.S.* [D]. University of Iowa，2011.

四、媒体报道

1. "乌托邦里也有快乐" [N]. 南方周末，2011-11-17.

2.《来自星星的你》引发 7 个经济学效应——报纸广告也能被拯救 [N]. 西安晚报，2014-02-19.

3. 这个岁末，别忘了 V 字别动队 [N]. 21 世纪经济报道，2013-01-10.

4. 字幕组何去何从 [N]. 东方早报，2013-10-10.

5. 字幕组的年轻人 委员向你们致敬 [N]. 重庆晨报，2010-03-13.

6. 字幕组的灰色江湖 [EB/OL]. http：//www.tmtpost.

com/82623.html.

7. 关于人人影视字幕组的一点历史介绍 [EB/OL]. https://wenku.baidu.com/view/9bebe748e45c363567ec8683.html.

8. ViKi：字幕组无国界 [EB/OL]. http://tech.sina.com.cn/i/2011-12-12/11176478832.shtml.

9. 美剧背后的中国字幕组（希望更多人知道那些默默贡献的英雄）[EB/OL]. http://culture.163.com/06/1204/16/31GV4N7Q0

0280003.html.

10. 站长之家：公开课字幕组联盟成立 公开课翻译量全国第一 [EB/OL]. http://www.chinaz.com/news/20110125/156580.shtml.

11. 爆料字幕组赚钱真相 [EB/OL]. http://bbs.tianya.cn/post-funinfo-3637542-1.shtml.

12. 关于人人字幕组的一点历史介绍 [EB/OL]. http://www.docin.com/p-530171799.html.nzoNgnya-mhzGLcUodp0-WH_Ul9uFcAOgUu_G5kauWx6rrdlMihuQ1cK-LIA90GYo48u3Fm.